문자의 공動

허철령 산문집

교음사

독서의 개인사

어렸을 때는 참 읽을 것이 없었다.

초등학교를 들어갈 무렵에는 동네 문방구점 가판대에 『칠천국』, 『만화세계』 같은 어린이용 만화잡지들이 전시되어 있었지만 마음대로 사 볼 수는 없었으니 그림의 떡이었다.

그 당시에는 김종래 화백의 『엄마 찾아 삼만리』라는 만화가 초등학생들에게 많이 알려져 있었는데 그 영향을 받아서 그랬는지는 몰라도 슬픈 이야기가 단연 인기가 있었다.

그래서 나는 슬픈 것은 곧 재미있는 것이라고 알게 되었다.

어느 날 아버지께서 학원사에서 나온 세계명작문고 중 『삼국지』를 사다 주셨다.

나의 어린 시절 독서 생활에 큰 영향을 끼친 사람은 누나였다.

먼저 읽어본 누나에게 삼국지는 슬픈 책이냐고 물었더니, 무섭고 슬프고 그러면서도 재미있는 책이라고 했다.

한글을 읽을 줄 알게 된 나는 그렇게 해서 삼국지를 읽기 시작하였고, 재미를 붙여 하룻밤 만에 다 읽고 말았다.

독서의 세계에 발을 들여놓게 된 나는 주변에 있는 책들을 보면 보이는 대로 읽기 시작했고, 동네 만화가게의 만화책들을 읽는 것을 거쳐서 점심시간이면 학교 교실의 뒤쪽 책꽂이에 비치되어 있는 학급문고를 읽었고, 중고등학교에 다닐 때는 학교 도서관에 수장된 책들을 읽었다.

옛날애기를 듣는 것을 좋아하는 나에게 누나는 고등학교 역사 선생님인 아버지에게 옛날애기를 해달라고 조르라고 부추겼다.

아버지는 단종(端宗)과 사육신의 애사(哀史) 같은 역사 얘기를 해주시기도 했지만, "옛날애기를 너무 좋아하면 가난해진다"고 하시면서 책을 사 가지고 오셨다.

그때 사다 주신 책들이 『이조오백년야사』, 『삼국유사』, 『인류사화』 같은 성인용 역사책들이었는데 아버지는 책을 읽다가 재미있었던 부분을 얘기해보라고 하셨다.

아버지가 재미있게 해주신 옛날애기들은 사주신 책들에 있는 얘기가 많았다. 아버지는 가끔 나에게 읽다가 궁금증이 생기는 부분도 물어보라고 하셨다.

고려 말에는 홍건적이 쳐들어와서 양민을 학살하고 재산을 빼앗고 집을 불사르고 여자를 잡아갔다.

특히나 젊은 여자를 잡아 오면 그들은 잔인하게도 그녀의 가슴의 일부를 잘라내어 불에 구워서 안주로 먹었다는 얘기가 있었는데 이 구절에 대하여 상상이 잘 안 되어서 아버지에게 질문을 했더니 웃으시면서 적당한 답변을 하시지 않던 것이 기억난다.

어린 시절부터 책 읽기를 좋아했지만 글쓰기에 관심을 가진 것은 역사가 깊지 않다.

물통에 물을 부어 넣으면 결국 물이 가득 차게 되고 그다음에는 물이 흘러넘치게 된다. 물과 물통의 관계는 독서와 글쓰기와의 관계와도 비슷하다고 생각한다.

독서를 흘러넘치도록 하면 그 흘러넘친 부분에서 좋은 글이 나올 수 있을 것이라 생각했다. 그러므로 좋은 글을 쓰는데 있어서 독서는 필수불가결한 부분이다.

세상에는 이미 하고 많은 글이 있다.

여기에 새로운 글을 보탬으로써 새로운 혼란을 더하고 싶지는 않다.

세상에 나와 있는 어떤 글도 나를 대변하고 나를 대신하지는 않는다.

내가 세상에 태어나는 순간부터 내가 차지한 공간만큼 나는 세상으로 들어가기 시작했고 그럼으로써 세상 또한 나에게로 들어오기 시작했다.

인생을 사는 동안 나는 세상을 내가 자리 잡은 공간과 시간만큼 변하게 했을 것이고 내 주변의 세상도 나를 변하게 했다.

잘 쓰지 못하는 글이라도 내가 직접 쓴 글이라야 나를 대변하고 나를 대신하는 글이 될 것이라는 생각이다.

본업이 의업이라 진료하는 틈틈이 써 놓은 글이다.

좋은 글을 쓰기 위해서는 많이 생각(多思)하고 많이 읽고(多讀) 많이 쓰라(多書)고 한다.

대부분 2000년대 초부터 고등학교 동창생들의 홈페이지(www.22seoul.com)에 게재했던 글이다.

세상에 있어야 할 글이고, 읽는 동안 유익한 정보를 얻을 수 있고, 읽기의 즐거움을 얻을 수 있는 글을 쓰기를 원했지만 편집 과정에서 다시 읽어보니 그렇지 않은 것도 많다.

내 속에 있던 것들을 문자로 바꿔서 세상에 쏟아내는 것은 역시 부끄러운 일이다.

출간을 위해 애써주신 교음사 강병욱 대표에게 감사를 전한다.

2022. 9. 저자 **허철령**

허철령 산문집

‣ 차 례

‣ 책머리에

1. 얼음과 욕망

누구를 위하여 종은 울리나 18

피와 뼈(血と骨): 한국인은 무엇으로 사는가? 22

얼음과 욕망 29

비 35

2. 그리움의 앤솔러지

어제, 오늘 그리고 내일 40

서울의 봄 45

사월 48

또 봄 온다 52

그리움의 앤솔러지 55

시월(十月) 64

3. 전주기행

막걸리의 추억 70

전주기행(全州紀行) 75

사천인상기(四川印象記) 83
초당두부와 좁은 문 89

4. 가장 어두운 시간

3김의 추억 96
충성가와 무궁화 100
가장 어두운 시간 107
배신의 시대 110

5. 은혜의 시대

임프린팅과 좋은 생각 120
시대와의 부조화 126
문자의 공(功) 133
원자탄이 떨어진 땅에서 살아가기 138
죽음의 수용소에서 144
기타 잇키 148

행복론 156
은혜의 시대 165

6. 비둘기와 도인

행복한 눈물 178
비둘기와 도인 182
비 오는 날 186
손목시계의 추억 192
송년유감 198

7. 글쓰기, 고쳐쓰기

신묘잡기(辛卯雜記) 204
신묘잡기(辛卯雜記) 2 210
중국어 공부 213
방송대학과 경서 221
기억력 이야기 229
글쓰기, 고쳐쓰기 235

8. 인생과 예술

행운의 추억 244

제주잡기(濟州雜記) 250

도서관의 추억 270

세 선생님 이야기 277

인생과 예술 283

1

얼음과 욕망

누구를 위하여 종은 울리나

외국영화를 좋아하기 시작하던 시절, 남산에 있던 드라마센터나 충무로에 있는 아테네극장에 가끔 갔었습니다. 입장권 한 장만 사면 동시 상영하는 영화를 두세 편씩 볼 수 있었는데, 화면의 상태는 안 좋아도 내용 면에서는 명화라고 할 수 있는 영화를 상영하는 곳이었습니다.

시간 많던 대학 신입생 시절이었습니다.

근처에는 개봉관인 대한극장도 있었는데 주머니가 얄팍하던 그 시절에는 그 앞을 지나서 남산길을 한참 걸어 올라가 드라마센터로 발길을 옮기곤 했습니다. 「누구를 위하여 종은 울리나」도 드라마센터에서 본 영화였는데, 제목이 멋있다고 생각했거나, 동시 상영하는 다른 영화 중에 끼어 있어서였을 것입니다.

명화 상영관이라고는 하나 입장료 싼 삼류 극장이라 필름 끊긴 부분이 많았고 화면 상태도 나빠서 맑은 날도 비가 오는 것 같았습니다. 그해 2월에 고등학교를 졸업한 감성 연령이 낮은 만 18세의 대학 1년생으로서는 내용을 이해하지도 못하면서 본 영화였습니다. 종이 울렸는지 안 울렸는지는 기억에도 없습니다. 삼십 년이 지난 지금 생각나는 것은 짧은 머리였던 젊은 시절의 잉그리드 버그만과 서부 영화의 말 타고 총 쏘는 장면에서 자주 보던 게리 쿠퍼가 스페인 내란을 무대로 해서 만나는 것과 철교 폭파 장면뿐입니다.

동명의 헤밍웨이 원작 소설을 영화화한 것이라고만 알고 있었는데, '누구를 위하여 종은 울리나'의 정답을 알게 되는 것은 영화를 본 것보다 나중의 일이 됩니다.

대학 초년생 시절에는 흔히 'Word Power'로 알려져 있는, 노먼 루이스(Norman Lewis)의 『Word Power Made Easy』라는 영어 어휘력 늘리는 노란색 커버의 책을 많이들 봤는데, 이 책으로 공부를 하던 중에 'commiserate'라는 단어를 설명하기 위하여, 'No man is an island'라는 구절로 시작되는 존 던(John Donne)의 시를 인용해 놓은 것을 처음으로 읽어보게 된 것입니다.

존 던은 16세기 영국의 문인이자 성직자였는데 젊은 시절 좋은 교육을 받고 고관의 비서가 되는 등 출세의 길로 접어들었으나, 모시던 고관의 내연의 여인의 딸인 앤 모어(Anne More)와의 비밀결혼을 한 후에는 인생이 힘든 길로 접어듭니다. 그는 이 일로 투옥되기도 했었는데 이때의 그의 심정을 나타낸 짧은 시가 있습니다.

John Donne,
Anne Donne,
Un-done.

우여곡절 끝에 결혼한 그의 아내는 16년간의 결혼 생활 동안에 12명의 자녀를 낳았는데 결혼 생활 내내 임신 중이었거나 몸을 풀고 있는 중이었으며, 2명은 사산되었고 2명은 10살이 되기 전에 죽었다고 하니 죽은 아기를 매장할 비용도 없을 정도로 그들 부부는 일생을 생활고 속에서 지냈다고 합니다. 존 던의 나이 45세에 아내가 마지막 아이를 사산하면서 죽은 후 그는 여생을 결혼하지 않고 살았는데 이것은 당시로서는 드문 일이라고 합니다.

그는 만년에 많은 시를 썼고 이 중 가장 알려진 것이 'No man is an island'로 시작되는 다음의 시입니다. 헤밍웨이는 여기서 아이디어를 얻어서 그의 소설의 제목으로 삼은 것이었습니다. 이 시의 번역은 많이 있으나 시가 너무 좋아 한 번 번역을 해 보고 싶은 마음을 못 이겼습니다.

No man is an island, entire of it self;
Every man is a piece of the continent, a part of the main;
If a clod be washed away by the sea, Europe is the less, as well as if a promontory were, as well as if a manor of thy friends or thine own were;
Any man's death diminishes me, because I am involved in Mankind;
And therefore never send to know for whom the bell tolls;
It tolls for thee.

아무도 섬이 아니다. 혼자서 완전하지도 않다.
누구라도 대륙의 한 조각이며 전체의 일부이다.

흙이 바닷물에 씻기우면 유럽도 그만큼 줄어든다.
모래톱이 그러하듯이 그대와 그대의 벗의 소유도 이와 같다.
어떤 인간의 죽음도 나를 상하게 한다. 나 또한 인류에 속해 있으므로
그러니 종이 누구를 위하여 울리나를 알려고 사람을 보내지 마라.
종은 그대를 위하여 울린다.

『Word Power Made Easy』의 저자는 계속해서 'commiserate'의 뜻을 다음과 같이 설명하고 있는데 인상적인 설명이었습니다. 영어 공부 삼아 해석해 보시기 바랍니다.

이 설명을 읽고 어학 참고서의 사전적 해설도 문학 작품이나 종교 서적의 경지를 넘을 수도 있다는 것을 처음 알았습니다.

to commiserate with
When someone has suffered a bereavement(as though death);
When he has lost his job and may not be able to find another;
When he has been wounded by life or by friend;

Then is the time he most needs to feel that he is not alone, that you share his misery with him even if you cannot directly alleviate his sadness.

Your sympathy and sharing of emotion are alleviation enough.

One verb ending in -ate, signifies this vicarious sharing of the emotion of sorrow with someone who directly suffers.

2002. 3.

피와 뼈(血と骨): 한국인은 무엇으로 사는가?

2000년도의 일이다. 방금 결혼식을 올린 조카로부터 폐백을 받는 순간, 축복의 말을 해 주어야 할 텐데 적당한 할 말이 없어 대추를 던져 주며, "밀레니엄 베이비 낳고 부귀다남하거라." 하던 것이 생각난다.

"우리가 바라는 삶은 어떤 것인가?"라는 질문을 한다면 여러 가지 대답이 있을 수 있겠지만, 원초적인 차원에서 말하자면 무엇보다도 인간은 생명체이므로 자손을 많이 낳아서 종족 보존을 하고 돈을 많이 벌어서 살기 좋은 삶의 조건을 만드는 것이 생존을 위한 필요조건이라는 대답이 나올 것이다. 이런 생각이 '부귀다남' 넉 자에 축약되어 있고, 나의 무의식 속에도 그런 생각이 있었다는 것을 들킨 느낌이었다. 우리 한국인의 전통적인 가치관이라는 차원에서 말한다면 더욱 그럴 것이다.

삶의 조건이 뿌리째 뽑힐 위기의 상황이라면 인간은 어떻게 행동할 것인가?

우리 한반도에서 생존을 영위하는 인생들은 근세가 시작된 이후 약 150년간을 삶의 조건이 뿌리째 뽑히는 상황을 지속적으로, 또한 지독한 형태로 겪지 않을 수 없었다.

한국인은 세계에서 가장 많은 나라에 이민을 가 있는 국민이라고 한다. 유태인들이 자기 고향인 이스라엘을 벗어나 세계 각국에 흩어져서 사는 현상인 '디아스포라(diaspora)'에 비견할 만하다고 해서 '코리언 디아스포라(Korean diaspora)'라고 하는 용어가 생겼다. 구한말부터 현금에 이르기까지 외국으로 가는 이민의 대열은 이 질문에 대한 대답의 한 시도였을 수도 있을 것이다.

얼마 전 우연히 본 잡지에서 「피와 뼈」라는 영화를 소개하는 기사를 보고 관심이 생겨 비디오점에서 DVD를 빌려서 컴퓨터로 보게 되었다. 양석일(梁石日)이라고 하는 재일동포 작가가 자신의 아버지를 모델로 하여 원작을 쓰고, 키타노다케시(北野武)라는 일본 배우가 주연으로 출연했고, 최양일(崔洋一)이라는 재일동포 감독이 만든 영화로 2004년도의 일본의 영화상을 휩쓸었다고 하는데, 한국에서도 개봉하였으나 큰 인기를 못 끌고 얼마 못 가서 막을 내렸다고 한다.

제주도 민요인 「오돌도기」가 배경음악으로 나오는 가운데 1923년 여름 제주도에서 일본 오사카로 가는 연락선에는 김준평이라고 하는 젊은이가 타고 있었다. 식민지 조선에서 최소한의 생존의 기반마저도 빼앗긴 사람들, 그들은 일본 땅에서보다 나은 삶의 조건들을 기대하

며 기미가요노마루(君か代の丸)라는 배에 그들의 몸과 미래를 실은 것이었다.

"대판(大阪)이다! 대판 보였소!"

누군가 부르짖는 외마디 소리에 갑판 위에 널브러져 있던 흰색 바지저고리 입은 사람들은 모두 일어서서 눈앞에 보이는 광경, 공장 굴뚝이 임립(林立)한 도시 오사카(大阪)를 탄성을 지르며 쳐다본다.

김준평, 그는 괴물이었다.

그의 삶은 오로지 두 가지, 돈 벌기와 자식 만들어 내기에 초점이 맞춰져 있었다.

오사카의 누추한 조선인 거리에서 어묵공장을 열어 경제 활동을 시작한 그는 남다른 완력으로 억척스럽게 돈을 벌었고, 벌어들인 돈으로는 고리대금업을 하는데, 혹사당한 직원들이 잔업 수당을 요구하면 직원의 얼굴에 벌겋게 타고 있는 숯을 찍어 눌렀고, 이자 지불을 연체하는 채무자에게는 물어뜯어 깨트린 컵으로 자신의 팔을 그어서 흐르는 피를 받아서 마시도록 윽박지르면서, '내 돈을 떼어먹는 놈은 내 피를 빨아먹는 것'이라고 을러댄다. 독촉에 못 이겨 채무자가 자살하자 '내 돈 먹고 죽는 놈은 무덤까지 따라가겠다.'고 이죽거리고, 빌려준 돈을 받아내기 위해서는 야쿠자 조직을 이용하는 것도 서슴지 않는다.

그의 사랑도 폭력에 가까웠다. 아내인 이영희와의 부부 생활은 거의 강간에 가까운 형태였다.

돈을 벌자 아내와 사는 살림집 바로 옆에 집을 하나 더 사서 전쟁

미망인인 기요코(淸子)라고 하는 일본 여자를 첩으로 들인다. 그러나 2년이 되어도 아이가 생기지 않자, 임신에 도움이 된다고 자신이 술안주로 먹는 구더기가 들끓는 순대를 강제로 먹이기도 한다. 이 장면은 한국인은 구더기가 끓는 순대도 먹는 사람들이라는 인상을 줄 수 있었는데 수전노인 김준평이 냉장고도 없었을 그 당시에 부패한 음식을 버리지 않고 먹는 것을 일본 제작진들이 오해한 것이라는 생각이 들었다.

기요코에게 뇌암(腦癌)이 있는 것으로 판명되자 그녀를 간병할 또 다른 일본 여자 사다코를 데려와서 기요코와 같이 사는 집의 아래층에서 살게 하는데 죽어가는 기요코의 옆방에서 사다코와 관계를 가지기도 하며 사다코와의 사이에서 두 명의 계집아이와 한 명의 사내아이를 가지게 된다.

이영희는 열다섯에 열 살 먹은 신랑을 맞이했었으나, 시집살이를 못 견디고 도망을 나와 일본으로 와서 공장의 여공이 되었던 것이다. 그때 유부남 공장장의 아이를 임신하게 되어 낳은 딸 하나코(花子)를 데리고 김준평의 아내가 된 것이었다. 어머니인 이영희와 함께 노예처럼 일만 하지만 김준평과는 혈육 관계가 아닌 하나코를 김준평은 엄청나게 학대한다. 폭력적인 구타와 학대로 가득 찬 김준평의 가정을 벗어나기 위하여 하나코는 마음에도 없는 박희범과 결혼을 하게 된다.

주인공의 친척으로 나오는 장찬명(張贊明)이라는 낭만적 공산주의자는 일본 공산당의 당원으로서 파출소를 습격하여 화염병을 던지고 오사카 형무소에서 4년을 복역하고 출감한다. 그사이에 좋아하던 하나코가 결혼하고 기대했던 조국해방전쟁(6.25전쟁)도 무위로 돌아가자 시인을 지망하는 그는 북에 가서 시인이 되겠다고 북송을 지망한다.

오사카역의 플랫폼에는 북송되는 재일교포를 태운 열차가 출발하려 하고 있었고 환송객들이 가득했다. 타국 땅에서 서럽게 살다가 이제 조국으로 돌아가려는 사람들과 그들을 배웅하러 나온 사람들은 한 덩어리가 되어 취주악대의 반주에 맞춰서 손에 손에 인공기(人共旗)를 흔들며 손등으로 눈물을 훔치며 「김일성 장군의 노래」를 부르는데 이 장면은 참으로 감동이 있었다. 김정일이 제일 좋아한다는 이 노래는 멜로디와 가사에 감동을 자아내는 부분이 확실히 있었는데 그 1절은 다음과 같다.

장백산 줄기줄기 피어린 자욱
압록강 굽이굽이 피어린 자욱
오늘도 자유조선 꽃다발 우에
력력히 비쳐 주는 거룩한 자욱
(하략)

이 영화의 마지막 부분은 참으로 우울한 내용으로 채워지게 된다.

사회주의 지상낙원이라는 조국으로 귀환한 장찬명은 소식이 끊어진다. 하나코는 거듭되는 남편의 의심과 학대에 자기를 아껴주던 찬명 오빠도 없는 고달픈 세상살이를 자살로 마무리해 버린다. 법적인 딸의 장례식장에서 행패를 부리던 김준평은 뇌일혈이 터져서 반신불수가 되지만 그의 노욕(老欲)은 식을 줄을 모른다.

폭력과 살인, 그리고 이기적인 사랑으로 점철된 반생을 보낸 김준평이 늙고 병들자 혈육들도 그를 반기지 않았다. 아들인 마사오(正雄)를 찾아가 고리채 징수에 협조해 주면 빚을 갚아 주겠다고 제의했으나 거절당하자 김준평은 '북송'을 택했고, 그것은 그의 일생에서 마지막 비즈니스이기도 했다.

돈과 자식 이외의 아무 것도 온전히 나의 것이 아니며 돈과 자식만이 타국 땅에서 자기를 지켜줄 수 있는 것이라고 생각한 그였고, 이러한 삶의 철학이 '공화국'에서도 통용될 것이라는데 자신에게 남아 있는 모든 것을 걸었다.

마사오의 내레이션은 계속되고 한글 자막은 아래와 같이 뜬다.

"독일제 자동제판기 5대, 승용차 5대, 2톤 트럭 2대, 세이코 손목시계 100개, 의류, 구두, 일화 7000만엔…, 평생 집착한 재산을 공화국에 기증하고 바다를 건넜습니다."

그리고 간병인 사다코와의 사이에 낳은 유일하게 거역하지 않는 아들인 네 살배기 류이치를 납치하다시피 끌고 가는 것을 잊지 않았다.

이 영화의 마지막 장면은 돈과 자식과 조국이 한 인간에게 무엇을 해 줄 수 있는가를 끔찍하도록 리얼하게 드러낸다. 1984년 북조선의 어느 산골짜기, 눈이 펄펄 흩날리는 겨울날, 초라한 농가 앞의 밭에서 한 소년이 삽으로 구덩이를 파고 있었다. 일을 대강 마친 소년은 집 안으로 들어가서 시장한 듯 부뚜막에서 뭔가를 꺼내서 사발에 담아서 먹기 시작한다.

헛간의 한 구석에서, 침상에 누운 자기 아버지가 운명하기 직전의 마지막 숨을 몰아쉬는 소리를 내자 그쪽을 힐끗 보더니 아무 일도 없다는 듯이 자기가 하던 일을 계속하는 것으로 영화는 끝이 난다.

죽어가는 김준평의 시야에 떠오르는 것은 1923년 오사카로 가던 연락선에서의 장면이었다.

"대판이다! 대판 보였소!"

2005.

얼음과 욕망

대학을 졸업했을 즈음의 일이다.

이제 대학에 들어가 신입생 생활을 시작한 막냇동생이 엉뚱한 질문을 한다.

"형, 인삼 해삼보다도 더 좋은 게 고삼이라는 말이 무슨 뜻이야?"

친구들과 같이 막걸리 집에라도 갔던 모양이다. 옆자리에 앉아서 술을 마시던 사람들이 하던 말을 우연히 들었나 보다. 입시 준비에 여념이 없다 보니 아직 세상 이치를 모르는 순진한 동생에게 무슨 대답을 해야 할 것인가.

고삼(高三)의 즐거움은 무엇인가.

삼월이 되어 한 학년이 올라감으로써 기대하던 최고참 상급생이 되고 중일(中一)에서 고이(高二)까지의 모든 후배들에게서 경례를 받는다. 엄격하기만 하던 선생님들도 지금까지와는 다른 눈으로 보아 주시는 것이 느껴진다.

봄이 되어 옛 궁궐터에 자리 잡은 모교의 교정에는 온갖 꽃들이 피어나고, 이제 마지막 한 해만 무사히 잘 보내면 모든 속박에서부터 벗어난다. 꿈에 그리던 대학 교복을 입고서 주머니*에 손을 깊숙이 찌르고, 술을 마시든지, 담배를 피우든지, 예쁜 여자 친구를 사귀든지 무슨 일이라도 마음대로 할 수 있다는 꿈에 부푸는 시절이기도 했다.

그러나 이 땅의 고등학생, 그중에서도 고삼은 예나 지금이나 입시를 준비하기 위한 인간 공부기계에 다름 아니었다. 1969년 5월의 어느 토요일, 교정에 만개한 라일락의 향기가 코를 찌르는 화창한 봄날이었다. 우리는 고등학교 삼학년이었고, 그날은 도서관에서 공부를 하고 있기에는 너무 날씨가 좋았다. 도서관 바깥의 세상에서는 무언가 좋은 일이 방금 일어나고 있고 우리만 소외되어 있는 것 같았다.

그 날 오후 공부를 같이하던 친구 두 명과 함께 마침내 도서관을 벗어나 찾아간 곳은 세종로의 시민회관이었다. 「로미오와 줄리엣」은 교복 차림으로 들어가도 지장이 없는 영화였다.

열등감을 느낄 정도로 잘생긴 레오나드 화이팅(Reonard Whiting)과, 지금까지의 여자 배우와는 전혀 색다른 마스크의 귀여운 올리비아 핫세(Olivia Hussey)가 이 영화에 신인 배우로 처음으로 출연했는데, 그 이후로 올리비아 핫세(Olivia Hussey)는 청춘의 우상이 되어 다방의 판넬과 거리의 액자 파는 가게, 책받침, 공책의 표지 등에 10년 이상 얼굴을 나타낸다.

스토리는 셰익스피어의 유명한 비극으로 익히 아는 내용이었으나,

연기자의 신선한 매력에 프랑코 제피렐리라는 거물 감독의 솜씨와 니노 로타의 주제 음악이 어우러지면서 그날 본 영화의 감동은 40년이 된 지금까지도 남아 있다.

특히 가면무도회에서 한 젊은이가 사춘기 소년의 섬세한 목소리로 기막힌 노래를 한 곡 뽑는 장면은 이 영화의 백미(白眉)에 해당되었다. 당시 나는 이 가수가 정말 잘 생겼다고 생각했었고, 같은 반의 미남으로 소문난 손원교(孫元敎)와 닮았다고 생각했다.

What is a youth
Impetuous fire
What is a maid
Ice and desire
The world wags on
A rose will bloom
It then will fade
So does the youth
So does the fairest maid

청춘이란
타오르는 불길
여인이란
얼음과 욕망

세월은 흐르고…

장미꽃은 피어난다.
그러나 곧 시들어 간다.
청춘도 이와 같으며
가장 아름다운 여인도 이와 같다.

미남 가수가 부른 노래 가사의 앞부분이다.

번역은 반역이라는 말도 있듯이 필자의 졸역이 원문의 뜻을 30%나 전달했는지 모르겠다.

인상적인 것은 이 노래에 청춘과 여인의 정의가 나온다는 점이다.

간단한 단어일수록 그 정의가 깊고도 넓다는 것을 우리는 알고 있다. 전문가들이 두꺼운 책 여러 권으로 설명하는 개념을 이 노래에서는 한두 개의 단어를 이용하여 감동적으로 표현하였다.

스스로 맹렬히 타며, 닿는 것은 다 태워버리는 불길 같은 것이 청춘인가. 청춘이란 인생의 한 시기일 뿐만 아니라 몸과 마음이 열병을 앓는 병적인 상태를 말하는 것이라고도 한다. 불길이 맹렬하니 데일 수도 있겠고 상처가 남을 수도 있겠다.

당시에는 아직 시작일 뿐이라서 거의 눈치 채지 못했으나 그때를 즈음하여서 10여 년간을 청춘의 열병을 앓았다는 것을 40년의 세월이 흐르고 난 지금에야 알겠다.

여인, 그 얼음의 비밀은 무엇인가.

타오르는 불길이 강렬하면 능히 얼음을 녹인다. 얼음은 그 서슬이 푸르고 차디차지만 녹아버린 얼음은 부드러운 물일 뿐이다. 청춘의 불꽃만이 여인이라는 얼음을 녹일 수 있다.

얼음같이 차디찬 여자라도 불꽃같은 정열의 남자의 구애 앞에서는 녹을 수밖에 없다는 것을 말하는 것으로 보인다.

여인이란 욕망의 적(的)이다.

청춘의 불길 속에 감추어져 있는 욕망, 여인이라는 얼음 속에 갇혀져 있는 욕망.

불길과 얼음과 욕망의 거미줄 속에서, 청춘과 여인은 거미줄에 걸린 나비처럼 절망의 몸짓을 하는 것이 로미오와 줄리엣의 운명인 것이다.

셰익스피어의 연극에서는 대개 주인공의 운명을 한 마디로 시사하는 대사가 나오기 마련인데, 영화「로미오와 줄리엣」에서는 이 노래가 그 역할을 하고 있었다.

봄에 피는 꽃은 생명이 짧다. 피어나는가 하더니 시들어 버리는 것이 봄꽃이다.

화무십일홍(花無十日紅)이요, 달도 차면 기울어진다. 하물며 아침에 다르고 저녁에 다른 화용월태(花容月態)의 미인에 있어서랴.

대개 옛사랑을 다시 만나고 환멸에 빠지는 것은 추억 속의 그녀와 현실의 그녀와의 사이에 세월이 만들어 놓은 변모를 감당하기 어렵기 때문이다.

인삼, 해삼보다도 몸에 좋다던 시절이 지난 지도 40년, 나이 37세에 가진 아들이 작년에 고삼이었으니 역시 지나고 나면 허무하게 짧은 것이 청춘이다.

이 글의 초입에 나오는 대학 신입생이던 동생의 질문에 대해서는,

술집의 취객들은 오래된 인삼(古蔘)이 몸에 좋다는 얘기를 하던 것이었다고 말해 주었던 것으로 기억한다.

*다니던 고교에서는 주머니에 손을 넣고 다니지 말라고 바지 양쪽에 있는 주머니를 꿰매게 했다.

2009. 4.

비

장마가 시작되었다고 한다.

예년보다 이르게 더위가 찾아와 습기를 머금은 후덥지근한 날씨가 계속되니 시원한 비가 그리워진다. 비 오는 날은 산란하던 마음이 가라앉으니 앉아서 책 보며 공부하기도 좋고, 생각이 맞는 친구와 마주 앉아 한 잔 술을 기울이기도 좋고, 다른 할 일이 없으면 잠자기도 좋다. 특히 잠결에 비 오는 소리가 들리면 잠이 더 깊이 들어 수면을 취할 수 있으니 좋다.

집 앞이 초등학교 운동장이라 비가 쏟아지는 광경을 창문으로 내다보노라면 장쾌한 느낌이 든다. 폭우(暴雨)가 쏟아지고 운동장을 가로지르는 바람이 불면 빗속으로 바람이 지나가는 모양이 보인다.

이렇게 심한 국지성 호우(豪雨)가 쏟아지면 웬만한 것은 순간적으로 다 씻겨 내려가 버린다.

얼마 전 본 영화의 한 장면이 떠오른다.

길거리에 좌판을 펴 놓고 DVD를 석 장에 5000원씩에 파는 아저씨한테서 산 것 중에 있던 것이었는데, 거액을 들여서 만든 영화를 이렇게 불법 복제해서 팔면 도대체 저작권은 어떻게 되는 것인가 하는 생각도 들었지만 그렇게 해서 먹고 사는 불법 상인도 있는 것이고 나 같은 불법 구매자도 있어서 시장이라는 것이 형성되고 경제도 돌아가는 것인가?

「다우트(doubt)」라는 영화였는데, 60년대 미국의 브롱크스의 한 가톨릭 성당과 그에 딸린 수녀원, 그리고 역시 성당에 부속된 중고등학교를 무대로 삼고 있었다.

수녀원장 겸 교장인 알로이시스 수녀는 보수적인 교육관에다가 완고한 아집을 가진 사람으로서 자신과는 다르게 리버럴한 교육관을 가진 플린 신부가 한 흑인 학생을 상대로 하여 페도필리아(pedophilia)를 하고 있다는 의심을 가지고 색안경을 끼고 본다. 증거는 어디에도 없으나 거의 확신에 가까운 의심을 가지고 신부의 험담을 하는 교장 수녀와 신부의 대립은 강도를 차츰 더해가면서 이 영화의 긴장은 극적으로 파국을 향하여 치닫는다.

그러던 중 플린 신부는 주일 아침 예배에서 험담을 주제로 한 강론(講論)을 한다.

한 여인이 신부에게 고해성사를 했습니다.

"신부님, 꿈에 하늘에서 커다란 손가락이 저를 가리키고 있었습니다. 제가 사람들 앞에서 남의 험담을 했는데 용서 받을 수 있겠습니까?"

"여인이여, 그 손가락은 당신의 허물을 지적하는 하느님의 손가락입니다. 지금 당장 베개를 들고 옥상에 올라가 칼로 찢으십시오."

"신부님, 제가 베개를 찢고 내려왔습니다."

"여인이여, 지금 옥상에 올라가 베개에서 나온 깃털을 베개에 다시 넣으십시오."

여인이 옥상에 올라갔을 때 베개에서 나온 깃털은 온 천지에 함박눈처럼 흩날리고 있었습니다. 험담도 이와 같습니다. 한 번 사람의 입에서 나온 남의 험담은 입에서 입으로 퍼져 다시 주워 담을 길이 없는 것입니다.

베개에서 나온 깃털이 주택가의 지붕 위와 세탁물이 널려 있는 빨랫줄 위로 눈송이처럼 흩날리는 장면은 인상적이었고, 저것을 다시 베개에 넣는 것은 무슨 방법으로도 가능하지 않아 보여서 플린 신부는 참으로 적절한 비유를 한 것으로 생각되었다.

아침에 오던 비는 잠시 멈추는 듯하더니, 낮이 되니 강도를 더하여 우레와 천둥 번개를 동반하여 쏟아지기 시작한다.

낙뢰(落雷)의 우려가 있는 이런 날에는 죄 많은 우리 인생은 거리를 배회하는 일을 자제해야 하는 것 아닌가 하는 생각이 들었다.

그러나 국지성 호우의 장면과 영화에서 본 온 천지에 흩날리는 깃털의 장면이 오버랩(overlap)된다면 어떻게 될까? 아마도 흩날리던 깃털은 자취도 없이 씻겨 내려갈 것이다.

사람과 사람 사이의 구설수
온 천지에 흩날리는 깃털
모든 것을 씻어 내려가는 소낙비

홍진(紅塵) 자욱한 인간 세상에서는 과연 무엇이 쏟아지는 소낙비의 역할을 할 수 있을까?

후덥지근하고 끈끈한 세상에서 천지의 모든 것을 씻어 내려갈 소낙비는 언제 내릴 것인가?

오늘 저녁도 폭우가 쏟아지면 좋겠다.

그래서 친구와 막걸리라도 한잔하면 더욱 좋겠다.

2009. 7.

2

그리움의 앤솔러지

어제, 오늘 그리고 내일

지금이 일요일 밤이니 내일은 월요일, 아침에 길이 막힐 것을 걱정하게 되니 또 한 주가 시작되나 보다. 내일 월요일은 2008년 1월 21일, 새로운 해가 시작된 지도 21일이 되는 날에 해당한다.

세월은 끊임없이 쉬임 없이 물 흐르듯 흘러가는데 우리 인간이 생활의 편의를 위하여 연월일과 시분초를 설정해 놓고, 제야라 하여 「Auld lang syne」을 부르며 한 해의 마지막 날 밤을 쓸쓸해하다가도 한순간이 지나면 정월 초하루라 하여 "Happy new year"와 "새해 복 많이 받으십시오"를 외치며 신년을 축하하는 인사를 하기에 바쁘다.

그렇게 하여 새로 시작된 올해가 2008년도이며 무자(戊子)년이라 한다.

우리는 세월이 우리 곁으로 덧없이 흘러가는 것에 대하여 어떻게 손을 쓸 방도가 없으니 무심하게 여길 수밖에 없으나, 제야가 되고 설날이 오면 또 한 해가 내 곁을 스쳐 갔고 또 한 해가 왔다는 것을 절실히 느끼지 않을 수가 없게 되며, 우리 앞으로 오는 그 숱한 나날들을 나의 날들(my days)이라고 생각했으나 나를 남겨두고 떠나는 날들의 뒤에서 우리는 결국 세월의 나그네에 불과하다는 것을 새삼 느끼게 된다.

젊었을 때는 젊은 나이이고 바쁘다 보니 나이 자체에 무관심하였고, 40대까지는 아직 청년기에 속한다는 안도감 비슷한 것으로 버텼으나, 50하고도 7세, 서양식 만 나이로도 56세라는 것을 부정할 수 없는 갈 데 없는 나이가 되었으니 변명의 여지도 없는 오십 대 중반 초로(初老)의 지경에 이르고 말았다. 나이 50을, 60고개를 바라보는 나이라 하여 예로부터 '망육십(望六十)'이라고 하였으니 이제는 인생의 후반생에 들어와 있는 것을 부정할 방법은 없을 것이다.

지나간 어제도 당시에는 오늘이었으며 앞으로 올 내일도 그날에는 오늘일 것이니 인생이란 결국 오늘의 누적이며 인생은 항상 오늘이라는 형태로 우리 앞에 펼쳐지게 마련이다. 오늘이라는 도화지에 어떤 그림을 그리느냐가 우리 인생들의 당면과제일 수밖에 없다. 헤쳐나가야 할 오늘에 절망하는 자들은 지나간 오늘인 어제의 회상과 앞으로 올 오늘인 내일의 기대로 오늘을 살아간다. 그리하여 과거의 영광과 미래의 희망이라는 이름으로 숨 쉬고 있는 현재를 외면하는 어리석음을 범하기도 한다.

그러니 오늘을 최선을 다하여 산 인간도 마지막 순간에는 회한에 빠지는 모양이다.

최후의 순간을 눈앞에 둔 셰익스피어의 극중 인물은 세월과 인생에 대한 자신의 견해를 다음과 같은 대사로서 그야말로 드라마틱하게 피력한다.

Tomorrow, and Tomorrow, and Tomorrow
(from Macbeth)

Tomorrow, and tomorrow, and tomorrow,
Creeps in this petty pace from day to day
To the last syllable of recorded time,
And all our yesterdays have lighted fools
The way to dusty death. Out, out, brief candle!
Life's but a walking shadow, a poor player
That struts and frets his hour upon the stage
And then is heard no more. It is a tale
Told by an idiot, full of sound and fury,
Signifying nothing.

내일, 또 내일, 또 내일이
주어진 시간의 마지막 순간까지
날마다 살금살금 다가서고,

우리의 모든 어제들은 어리석은 자들에게
먼지 구덩이 죽음으로 가는 길을 비추어 왔다.
꺼져라, 꺼져, 작은 촛불이여!

인생이란 기껏해야 걸어 다니는 그림자, 가련한 배우

무대 위에서 주어진 시간 동안 으스대고 괴로워하는 것 같지만
다음 순간 아무 소리도 들리지 않는다.

인생은 백치의 지껄임,
소음과 노여움으로 가득 찼지만,
아무런 의미도 없다.

인생이란 다양한 관점과 견해가 혼재하는 공간에 틀림이 없으니, 맥베드의 비극적 명대사의 대척점(對蹠點)에는 사무엘 올만(Samuel Ulman: 1840~1924 미국의 교육가)의 「청춘」이라는 시가 있다.

맥아더가 벽에 붙여 놓고 애송했고, 마쓰시다(松下幸之助)가 좋아했다는 이 시의 마지막 부분을 소개하며, 동기제형들이 신춘 새해에도 낙천적인 인생관을 가지고 씩씩하고 건강하게 살아가기를 바랍니다.

Youth

In the center of your heart and my heart there is a wireless station;
so long as it receive messages of beauty, hope, cheer,
courage and power from men from the infinite, so long are you young.

When aerials are down, and your spirit is covered with snows of cynicism and the ice of pessimism, then you are grown old, even at 20.

But as long as your aerials are up, to catch waves of optimism, there is hope you may die young at 80.

청춘

그대와 나의 마음속에는 무선국(無線局)이 있다.
인간과 무한의 존재가 발(發)하는 아름다움과 희망과 격려와,
용기와 힘의 메시지를 수신하는 한, 그대는 젊다.

안테나가 내려지고, 그대의 정신이
비판의 차가운 눈(雪)과 염세주의의 얼음으로 덮여진다면,
그대는 나이 20에도 늙어버린 것이다.
그대의 안테나가 아직 올려져 있고, 낙천주의의 파장을 잡아낸다면,
나이 80에도 젊은 것이며 희망이 있다.

– (상기 2편 필자 졸역)

2008. 1.

서울의 봄

아파트 단지의 작은 뜰에 벚꽃이 흐드러지게 피더니 오늘 아침에는 바람이 불어와 꽃잎이 흩날리기 시작한다.

포장도로 위에 분홍색 꽃잎이 낭자하게 뿌려져 있다.

벚꽃이 그 전성시대에 갑자기 모든 것을 버리고 소멸해 가는 것을 아쉬워하는 순간, 그 반대편 뜰에 눈길을 돌리니 피어난 지 얼마 지난 개나리는 아직두 바라지 않은 선명한 노란색을 자랑한다.

순서로 말하자면 두어 번의 꽃샘추위라는 최후의 안간힘을 쓰다 지친 동장군이 꼬리를 내리고 봄 아가씨가 얼굴을 내밀기 시작하던 때부터 제일 먼저 부지런히 피어나기 시작하던 것이 개나리였다.

목련은 개나리가 피어난 지 얼마 안 되어서 활동을 시작했던 것인데, 처음에는 커다란 붓에 크림색 물감을 잔뜩 묻혀서 색깔 있는 종이에 획을 뚝뚝 찍어 놓았을 때 같은 모습으로 시작되었다. 따뜻한 날씨가 계속되니 팝콘 튀겨 놓은 것 같은 모습으로 발전하더니, 요

며칠 간은 만개한 상태도 지나 그 두꺼운 꽃잎이 떨어지기 시작한다.

4월이 되어서도 찬바람 불던 겨울나무의 모습, 나무 본연의 나목(裸木)의 모습을 보이던 나무들은 나뭇가지에 순이 올라오고 있었다. 더이상 기다리는 데는 지쳤다는 듯이 연한 녹색의 작고 부드러운 이파리를 내밀기 시작하더니 어제오늘은 하루가 다르게 연녹색의 옷을 입어가고 있다.

소나무도 빠질세라 겨울을 넘긴 솔잎 가지마다 연한 색깔의 송순(松筍)을 어느새 손가락 마디만큼이나 내밀었다.

뜰을 자세히 살펴보면 색깔 좋은 영산홍이나 향기 좋은 라일락, 그리고 가시 달린 요염한 장미꽃까지 자기 순서가 오기를 숨죽이고 기다리고 있는 것을 알 수 있다. 어느 장면 하나를 뜯어보아도 솜씨 좋은 한 폭의 동양화 아닌 것이 없으니, 가장 뛰어난 화가의 수작(秀作)이라도 조물주의 타작(馱作)에도 미치지 못한다는 것을 능히 알겠다.

서울의 날씨는 화창하며 요즘 며칠은 덥기까지 하다.

봄의 일기가 불순하던 동해안에 살던 젊은 시절 화창한 서울의 봄을 그리워하던 생각이 새롭다.

분명 봄에는 아무리 무심하고 무정한 사람이라도 마음이 움직이지 않을 수 없는 특별한 요소가 있는 것 같다.

먼 산 중턱
보아줄 이 없는 산벚이 소리 없이 피고
누렇게 죽은 풀잎 사이로

여리고 푸른 새잎이 올라온다

구십춘광(九十春光)에
꽃봉오리 터지는 소리로 날이 밝고
새 우는 소리로 날이 저무는 춘삼월 호시절
겨우내 기다리던 꽃피고 새우는 봄이 왔다

2009. 4.

사월

올해도 아파트 뜰에 목련이 터지기 시작하고 벚꽃이 피어나는 것을 보니 봄이 오나 보다. 산천초목이 거무튀튀한 색깔 일색으로 지내던 기나긴 겨울잠에서 벗어나 화사한 원래의 색깔로 된 옷을 막 입기 시작하는 순간이다. 껍질이 두꺼워질 대로 두꺼워진 고목도 재봉춘(再逢春)하니 새 이파리가 될 봉오리가 마디마디 거짓말 같이 돋아난다.

우수 경칩에 대동강 물 풀리고 얼어 죽은 줄 알았던 소식 없던 아들놈도 돌아온다는 봄이 오니 삼라만상이 겨울잠에서 깨어나고 산천초목도 화사한 색깔을 띄우기 시작한다. 음력으로는 오늘 4월 7일부터 삼월 초하루가 시작되니 춘삼월 호시절이 온 것이 분명하다.

봄이 오는 소식과 더불어 영애 또는 영식의 혼사를 알리는 청첩장도 몇 장 날아온다. 새로운 봄과 더불어 하나의 새로운 가정이 부모형제와 친지의 촉망 아래에서 시작되는 것이니 축하할 일이 아닐 수 없다. 그들의 앞날에 부귀다남과 탄탄대로의 순항만이 있기를 바랄 뿐이다.

기나긴 겨울에 익숙하던 사람의 몸은 바뀌는 환경에 적응하는 것을 힘들어 하여 면역력이 떨어지고 춘곤증에 빠지며 감기에 쉽게 걸린다. 봄과 함께 대개는 두어 군데의 부음에도 접하게 되는데, 병을 앓던 어르신들이 새봄이 오는 순간에 더 이상 연명(延命)을 못하고 불귀의 객이 되는 경우도 있다.

봄은 새로움의 시작이며 오래된 것의 끝이기도 하다는 두 개의 모습을 동시에 가지고 있는 것인가?

봄이 되면 떠오르는 옛 시의 한 구절이 있다.

년년세세화상사 年年歲歲花相似*
세세년년인부동 歲歲年年人不同

해마다 해마다 꽃은 같아도
해마다 해마다 사람은 같지 않네

새봄이 되어 산천은 작년 봄과 같아졌는데, 봄의 아름다움을 같이 즐기던 그 사람을 찾음은 그와 같이 있음으로 해서만 봄의 아름다움이 의미를 가지기 때문이다. 그와 같이 있던 봄과 그가 없는 봄은 서로 근본적으로 다르며 다른 세상이다. 같은 그림이라도 그와 같이 보던 풍경은 그가 없는 지금 눈앞에 보이는 풍경과는 서로 다른 풍경이며 그래서 그와 나는 서로 다른 세상에 속해 있는 것이다.

그러므로 아름다움이라는 개념은 스스로 존재하는 것이 아니고, 아름다워 할 무엇이 있고, 아름다워 하는 내가 있으며, 내가 그것을 아름다워 하는 것을 인정하고 같이 아름다워 하는 그 누군가 있어야 하는 것이 된다.

인간의 정서작용을 떠난다면 꽃은 단지 자손 증식의 필요성 때문에 해마다 꽃가루를 옮길 수단으로서의 벌을 유인하기 위하여 무의미하게(적어도 우리 인간에게 있어서는) 예쁜 색깔을 띄운다는 생물학적인 사실만이 남는다.

책, 의자, 일요일, 공원, 가게….

눈에 보이는 모든 것과 귀에 들리는 모든 것이 그가 없는 지금은 그가 있던 지금까지와 의미가 달라진다. 만나 보지는 못하고 있더라도 그가 세상 어느 곳에서인가 숨 쉬고 있다면 그와 나는 같은 세상에 속해 있으며 동시대를 살고 있는 것이 된다.

아직 세상사는 일을 제대로 배우지도 못했다고 생각하고 있는데 나를 세상에 남겨 놓고 유명을 달리한 부모님과 언젠가 가야 할 곳을 먼저 간 가까운 친구들의 모습이 떠오른다.

언젠가 찾아뵙고 한 번 인사를 드리겠다고 생각하고 있던 중학교 시절의 은사가 벌써 여러 해 전인 지난 2001년도에 돌아가셨다는 것을 인터넷에서 우연히 발견한다.

나와 같이 그 무엇을 함께 아름다워 할 사람이 친구이며 애인이다.

그와 같이 있어야만 아름다워 할 수 있는 산천초목과 삼라만상이 있는 한 그와 같이 있고 싶고, 같이 있고 싶은 그 마음을 그리움이라고 하는 것인가?

그래서 우리는 숨을 쉬고 있는 한 누군가를 그리워하며 사랑한다.

오월 어느 날 그 하로 무덥던 날**

떨어져 누운 꽃잎마저 시들어 버리고는 천지에 모란은 자취도 없어지는 그날까지….

2008. 4. 13.

*백제멸망 660년, 고구려 멸망 668년, 고교 시절 국사시간에 기억한 연대입니다. 그러나 이 두 개의 우리나라를 멸망시키는데 반 이상의 책임이 있는 당나라는 속상하게도 성당(盛唐)시대의 문화를 구가하고 있었으니 당시(唐詩)도 그중 하나입니다.

인용된 부분은 당나라 시인 유희이(劉希夷 651-679?)의 「백두를 슬퍼하는 노옹을 대신하여(代悲白頭翁)」라는 긴 시에 나오는 한 구절인데, 이 구절이 너무 마음에 들은 궁정시인이 자기한테 팔 것을 요구했으나 이에 응하지 않자 앙심을 품고 유희이를 살해했다는 고사가 있습니다.

소생도 이 구절의 번역을 놓고 고심했었으나 독자가 쉽게 이해할 수 있는 것을 택했습니다. 원문의 느낌을 살린다면 그냥,

연년세세마다 꽃은 같은데

세세년년마다 사람은 같지 않네

라고 해도 좋을 것입니다.

우리나라 시조에도 있는 '산천은 의구하되 인걸은 간데 없네'와 같은 정서라고 봅니다. 꽃이 피어나기 위하여서는 장기간의 인고의 시절이 요구되고, 피어서 화사한 아름다움을 뽐내다가 지기까지에 걸리는 기간은 극히 짧습니다. 여기에 봄꽃의 눈물겨움과 치열한 비장미(悲壯美)가 있다고 봅니다.

**마지막 두 줄 김영랑의 「모란이 피기까지는」에서 인용함.

또 봄 온다

가끔 만나는 한 친구는 술을 마시며 건배를 할 때마다 “자, 40년밖에 안 남은 인생을 위하여!” 하고 선창을 하곤 한다. 이 친구의 건배사대로만 된다면 내 경우는 57+40=97세까지의 수명이 일단 확보되는 것이다. 친구 만나 기분 좋게 술 한잔하고 한국 남자의 평균보다 수명이 연장되는 것이니 그와의 술자리를 마다할 리 없다. 이 친구를 포함하는 몇 명이 만나는 술자리에 참석하면, 그의 건배사에서 축복하는 여명(餘命)은 줄어드는 일이 절대로 없다. 해마다 나이는 한 살씩 더 먹는데 40년의 축복은 변함이 없으니 우리는 해마다 한 살씩 수명이 연장되도록 축복을 받는 것이 된다.

나이 80이 되는 2032년에도, “40년밖에 안 남은 인생을 위하여!” 하면서 건배를 함으로써 120세를 기약하는 상황이 목전에 펼쳐질지는 과연 두고 볼 일이다. 지금으로서는 일단 그때까지 그 술자리가 계속되기를 바랄 뿐이다.

한국전쟁이 끝날 무렵, 여든 평생 한결같이 이 나라를 위해 몸 바친 노애국자 이승만 대통령의 치세에 고고지성을 발하고, 4 · 19와 5 · 16을 다 겪고, 박정희 국가재건최고회의 의장의 치세에 성장하여 전두환 노태우 육사 동기생끼리 사이좋게 권력을 주고받는 것을 보면서 청춘 시절을 보냈다.

조지 오웰이 빅브라더에 의하여 조종당할 것이라 예언했던 1984년을 그럭저럭 무사히 보내고, 태양계를 타원 궤도로 돌고 있어 76년마다 찾아온다는 핼리 살별(彗星)을 1986년 지구 곁으로 그냥 스쳐 보내고, 21세기로 접어드는 2000년도 밀레니엄의 해에 휴거 공중 들림 안 당하고, 지구촌 곳곳에서 이루어지고 있는 기아와 질병의 마수에 안 붙잡히고, 지구상에서 살아남은 자의 대열에 요행히 끼어서, 2009년 3월 이 땅에서 호흡하고 있는 것이니 참으로 많은 풍상을 겪은 반생이라 아니할 수 없다.

나이 먹는 것을 죽기보다도 싫어한 시절도 있었다.

고교 졸업하고 대학에 다니던 스무 살 시절에, “나는 30살까지만 살거야”라는 말을 입에 달고 살던 친구도 있었다. 그만큼 나이 먹는 것이 두렵고 어른들의 세계에 소속되는 것을 징그러워하던 청춘 시절이 있었으나 이것을 기술하기 위하여서는 어느덧 회고형의 과거형 문장으로만 가능하게 되었다.

가끔 전철의 노약자석에 짐짓 앉아도 보지만 항의하는 사람도 없고, 어느덧 오래 사는 것에 관심이 생겼는지 매일 아침 몇 가지 건강식품을 먹고 운동을 어떻게 해 볼 것인가를 연구하는 나이가 됐으니 이제는 나이 먹은 사람이라는 소리를 들어도 할 말이 없게 됐다.

부지런한 세월은 쉬임 없이 끊임없이 무심히 가고 해마다 봄은 잊지도 않고 찾아온다.

또 봄 온다

올해도 3월이 되고 또 봄은 온다
살아 있는 것들은 다시 살아나기 시작해야 하며
다른 살아 있는 것들이 다시 살아나는 것을 보아야만 한다.

빛나는 강물처럼 반짝이며 흐르던지
시궁창 물 같이 썩어가든지 간에
결국 세월은 물같이 흐르고

살아남은 자는
또 하나의 봄이 오는 것을
의무적으로 보아야만 하는가

그래서
숨을 쉬고 있는 한 희망을 가져야 한다고 하는 것인가
봄 오는 것 같은 건 하도 많이 봐서
이제 새로울 것도 없다

×× 또 봄 온다

2009. 3.

그리움의 앤솔러지

얼마 전 인터넷을 검색하다가 '중국 사람들이 좋아하는 한시'라는 항목이 있어서 들어가 보니 1위에 랭크된 시는 최호(崔顥)라는 당대(唐代)의 시인이 쓴 「황학루(黃鶴樓)」였다.

이 시는 방송대 교과서에도 나와 있던 시로서 일독한 일이 있었는데, 괜찮은 시라는 것 정도로만 알고 있었으나 중국인들이 제일 좋아하는 한시라는 것은 처음 알게 된 사실이었다.

전에 중국에서 사업을 하는 친구로부터 중국 사람들은 회식이 있을 때 자리에서 일어나 이름난 한시를 한 번 외워 보이는 것을 큰 풍류로 여긴다는 말을 들은 일이 있다.

이는 마치 우리가 회식 석상에서 웃기는 소리를 한마디 하던가 노래 한 곡을 뽑고 나서 좌중의 박수를 받는 것과 비슷한 분위기일 것으로 생각되었다.

중국어는 매 글자가 각기 다른 성조를 가지고 있으므로 이어서 읽으면 하나의 문장은 짧은 노래와도 비슷하다는 느낌을 받았었는데 한시를 한 수 읊는다면 노래 한 곡을 부르는 것과도 흡사할 것이라는 생각이 들었다.

최호는 성당(盛唐)시대의 시인으로서 벼슬길과 개인사에서는 불우하였으나 이 시로 말미암아 불후(不朽)의 문명(文名)을 얻었다고 한다.

시선(詩仙)으로 불리운 이백(李白)이 나중에 황학루에 올랐는데 그 절경을 보고 시상이 안 떠올랐을 리가 만무했겠지만 현판에 이미 최호의 시가 있는 것을 보고 이에 압도되어 투덜거리는 시를 썼다는 말이 전한다.

黃鶴樓

昔人已乘黃鶴去 此地空餘黃鶴樓
黃鶴一去不復返 白雲千載空悠悠
晴川歷歷漢陽樹 芳草萋萋鸚鵡洲
日暮鄕關何處是 煙波江上使人愁

석인이승황학거 차지공여황학루
황학일거불부반 백운천재공유유
청천역력한양수 방초처처앵무주
일모향관하처시 연파강상사인수

황학루

옛 사람 황학 타고 떠나고
이 땅엔 빈 황학루만 남아 있네

한 번 간 황학은 다시 오지 않고
천년의 하늘엔 흰 구름만 유유히 흐르네
햇살 가득한 강물에는 漢陽樹 역력하고
鸚鵡洲에는 향긋한 풀 무성하네
해는 저무는데 고향땅은 어디인가
煙波 이는 강 위에 나그네 시름 깊네

*주(註)

한양(漢陽): 황학루가 소재하고 있는 하북성 무창(武昌)현의 강 건너편에 있는 도시.

한양수(漢陽樹): 한양의 나무가 강에 비친 모습.

청천(晴川): 햇살이 쏟아지는 하천, 장강의 3대 지류 중 가장 큰 하천인 한수(漢水)에 햇살이 쏟아지는 모습을 청천이라고 표현함.

앵무주(鸚鵡洲): 청천에 있는 삼각주.

잘 읽어보면 이 칠언절구의 고시(古詩)는 명시로서의 요건을 충분히 갖추고 있는 것을 알 수 있는데 기승전결이 확실하고 시간적, 공간적, 그리고 정신적 스케일이 대륙적이다.

시간적으로는 전설의 시대로부터 시작하여 물안개 피어나는 강물을 물끄러미 바라보고 있는 현금에 이르기까지, 공간적으로는 유유창천(悠悠蒼天)에서 햇살 가득한 강물(晴川)에 이르기까지, 정신적으로는 이상의 표상인 날아간 황학에서 시작하여 만리타향 향수에 젖어 있는 눈앞의 현실에 이르기까지 많은 것을 함축하고 있는 것이다.

이상과 각박한 현실의 애매한 기로에서 헤매지 않은 자 그 누구이던가?

전설의 새를 타고 떠나버린 선인을 생각하면 지금 이 곳은 텅빈 듯이 보이고, 일락서산에 나그네 고단한 발걸음을 쉬일 고향은 어디이던고?

1300년 전에 쓰여진 고시이지만 21세기를 사는 현대인의 기본적인 정조(情調)와 다를 바 없으므로 시대를 초월한 명시로 사랑을 받고 있는 것이다.

황학루는 중국의 호북성 무한시 무창현에 소재하고 있는 누각으로서 호남성의 악양루(岳陽樓), 강서성의 등왕각(藤王閣)과 더불어 강남삼대명루라는 이름을 얻고 있으며 이에 산동성 연태시의 봉래각(蓬萊閣)을 더하여 중국사대명루라고 불린다고 한다.

위오촉이 쟁패하던 삼국시대에 동오에서 손권(孫權)이 칭제하던 황무(黃武) 2년(223년)에 군사적인 목적으로 누각을 건립하였다고 하며 무(武)로써 나라를 다스리고 번창하기를 기원하는 마음에서 '이무치국이창(以武治國而昌)'이라고 했는데 여기에서 무창(武昌)이라는 도시의 이름이 유래하였다고 한다.

촉한의 두 번째 황제인 유선(劉禪)의 문신이었던 비의(費禕)가 신선이 되어 황학을 타고 와서 이곳에 머물렀다는 전설이 있었는데 황학루라는 이름은 이에서 유래되었다 한다.

그로부터 700여 년 후 당현종(唐玄宗)년간이 되었을 때 이백은 안사의 난이 일어나는 등 당시의 정치적 혼란상에 염증을 느껴 중원을 방랑하던 시절이 있었는데 이때 맹호연(孟浩然)을 만나 문우로서 교유하다가 황학루상에서 석별의 정을 나누게 된다.

이별의 순간에 이백이 황학루상에서 지은 시는 전일에 최호가 지은 「황학루」 못지않은 명시가 되어 오늘날에 전한다.

黄鹤楼送孟浩然之广陵

故人西辞黄鹤楼
烟花三月下扬州
孤帆远影碧空尽
唯见长江天际流

고인서사황학루
연화삼월하양주
고범원영벽공진
유견장강천제류

황학루에서 광릉으로 떠나는 맹호연을 보내다

옛사람 황학루 뒤로 하고 서쪽으로
꽃안개 피는 삼월 양주로 떠나가네
외로운 돛 먼 그림자 푸른 하늘로 사라지고
장강이 하늘 속으로 흐르는 것만 보일 뿐

예나 지금이나 봄이 되면 무언가 새로운 일이 시작되기 마련이며 갈 사람은 가야만 한다.

이백보다 나이가 여섯 살 위인 맹호연은 이백과 헤어져 지금의 강소성 양주로 떠나게 된다.

맹호연은 이백과 헤어진 이듬해에 세상을 떠났으니 이 시를 쓸 즈음에는 지금이 그들이 같이 보내는 마지막 순간이 될 것이라는 것을 몰랐을 것이다.

황학루에서 옛사람을 태운 배가 떠나가는 것을 보고 있는 시야의 마지막 부분은 장강이 끝나는 곳에서 멈추고, 장강이 만들어 내는 수평선은 하늘과 맞닿아 있어 마치 장강이 하늘 속으로 흘러들어가는 듯한 착시를 일으키게 하고 옛사람을 태운 돛배는 그 속으로 사라져 가는 기막힌 그림이 눈앞에 펼쳐진다.

이는 이백이라는 시인이 의도한 그림이며 이 시를 불후의 것으로 만들어 놓은 그림이기도 하다.

사람을 보내는 이별의 노래라면 우리나라 것으로도 세상 어디에 내놓아도 뒤지지 않을 명시가 있다.

送君

雨歇長堤草色多
送君南浦動悲歌
大同江水何時盡
別淚年年添綠波

우헐장제초색다
송군남포동비가
대동강수하시진
별루년년첨록파

그대를 보내며

비 그친 둑방 위에 풀빛 가득한데
남쪽 포구에서 그대 보내는 悲歌를 부르네
대동강 물 언제 마르리
이별의 눈물 해마다 푸른 물결에 더해 가는데

고려시대의 천재로 이름 난 정지상(鄭知常)의 절창이다

평양의 남쪽에 남포라는 항구도시가 있어서 서울 같으면 인천 역할을 하고 있지만 본문의 내용에 비추어서 남쪽 포구라고 일반화하여 번역하는 것이 보편적일 것이라는 생각을 했다.

상식적으로 생각하여 대동강 물이 줄어드는 양(量)은 강이 흘러가는 도중에 증발되는 것과 바다로 흘러 들어가는 것과 가뭄이 들어 상류의 수원이 줄어드는 양의 합일 것이다.

해마다 이별하는 사람들이 흘리는 눈물이 대동강 물에 첨가되므로 대동강 물이 마를 리가 없다고 주장하는 정지상 씨는 독자에게 내숭을 떠는 것인지 과장을 하는 것인지 귀염을 부리는 것인지 모르겠지만 이 시의 묘미는 여기에 있는 게 아닌가 하는 생각이며 그래서 몇 백 년간을 그의 시가 명시의 반열에서 빠지지 않았다는 생각이다.

지난 겨울은 눈다운 눈도 안 내려서 겨울 가뭄이 심하더니 지난 두어 주 동안은 봄비가 제법 내렸다.

아파트 앞에 있는 조그만 연못도 겨울 내내 바닥을 드러냈었는데 언제 그랬느냐는 듯이 물이 차올라 어디선가 물오리 두 마리까지 날아와 헤엄을 친다.

맹호연의 시로는 가장 이름난 것이 「춘효(春曉)」일 것이다.

春曉

春眠不覺曉
處處聞啼鳥
夜來風雨聲
花落知多少

춘면불각효
처처문제조
야래풍우성
화락지다소

(1) 봄아츰
아츰도 몰으고 설잠을 자노라면
귀ㅅ가에서 지저귀는 새소리
어제ㅅ밤 뒤설닌 바람비에
입사귀는 얼마나 떨엿노

(2) Spring Morning
I awake light-hearted this morning of spring,
Everywhere round me the singing of birds.
But now I remember the night, the storm,
And I wonder how many blossoms were broken.

인터넷에 찾아보니 이 이름난 고시(古詩)에는 특별히 인용할 만한 번역이 있어서 올려본다.

(1)은 1925년 4월 13일자 동아일보에 실렸다는 김소월 시인이 번역한 「춘효」이고 (2)는 중국 인터넷 포털인 '바이두(百度)'에 게재된 같은 시의 영역이다.

꽃 피고 새 울고 바람 부는 자연 현상, 봄이면 나타나는 지극히 단순한 현상에 대한 반응은 동서고금이 따로 없는 것을 느끼게 된다.

우리는 텅빈 황학루에서 황학을 타고 떠나버린 옛사람(昔人)을 그리워하며

꽃 안개 피는 춘삼월에 서쪽으로 떠난 옛사람(故人)을 그리워한다

또한 노곤한 봄 아침 어젯밤의 풍우에 떨어졌을 꽃잎의 다소에 마음을 쓰며

남쪽 포구에서 대동강물이 마르지 못할 정도로 눈물을 흘리며 그대(君)를 보낸다

우리는 살아 있는 한 누군가를 그리워하며 그리움 속에서 살아간다.

(상기 4편의 한시 중 「춘효」를 제외한 3편 샷갓 졸역)

2015. 4.

시월(十月)

가을이 깊어간다.

한두 주일 전보다 낮이 많이 짧아지니 저녁 여섯 시만 되어도 어둑어둑해진다. 맑은 날씨에 석양이 짙어가니 초저녁이라도 어둠의 농도가 짙다.

대학 시절 기숙사 앞에는 '총각상회'라는 구멍가게가 있었다. 가게 주인은 가게에 딸린 작은 방에서 혼자 기거하는, 우리와 비슷한 나이의 총각이었는데 여기서 구입하는 품목은 소주, 맥주, 써니텐 같은 음료를 비롯하여 오징어, 마른 명태, 새우깡, 라면 같은 식품들이었다.

총각상회의 주인인 총각은 주문이 들어오면 마른 명태를 도마 위에 얹어 놓고 방망이로 팍팍 두들겨서 쫙 편 다음 새파란 불길이 올라오는 연탄불에 술안주로 쓰기 좋을 만큼 노릇노릇하게 구워서 봉투에 담아주곤 했다.

어느 가을날 저녁 나는 총각 사장이 종이봉투에 담아 주는 몇 가지 품목을 구입해서 기숙사로 들어갔다. 방에 들어가서 종이봉투 속의 내용물을 꺼내려 하니 봉투의 겉면에 인쇄되어 있는 구절이 눈에 띄었는데 이게 인상적이었다.

1.

내 사랑하리 시월의 江물을
夕陽이 짙어가는 푸른 모래톱

황동규 시인의 「시월」이라는 시와 처음 마주치는 장면이었다.

첫 느낌은 여름이면 인파로 붐비었을 강촌이나 청평, 가평 같은 북한강가의 쓸쓸한 가을 모습이었다.

요새 같으면 인터넷에서 위의 구절을 쳐서 넣으면 저자 누구의 무슨 시라는 것이 바로 나오는데 70년대 후반인 그때에는 상당한 수고를 겪은 끝에야 『문학사상』이라는 문예잡지에 게재된 어떤 평론에서 황동규 시인의 「시월」의 일부를 인용한 것이라는 걸 알게 되었다.

황동규의 「시월」은 지금으로부터 60여 년 전인 1958년 『현대문학』 11월호에 발표된 시로서 이때는 1938년에 태어난 황 시인의 나이 20세일 때였다고 한다.

이 시인에 대하여 흥미를 가지게 되니 이분이 중학교 국어 교과서에 실린 『소나기』라는 단편소설의 저자인 소설가 황순원 씨의 아들이라는 것과 졸업한 고등학교의 선배에 해당한다는 것도 알게 되었다.

「시월」은 6개의 연으로 된 연작시이다. 상기한 1연의 서두 부분에 이어지는 후반부는 다음과 같다.

지난날 가졌던 슬픈 旅程들을 아득한 기대를
이제는 홀로 남아 따뜻이 기다리리

이 구절이 마음속에 들어와서 자리잡은 것은 아마도 그때가 대학 졸업반이었기 때문일 것으로 생각된다. 참으로 섬세하고 감각적인 시 구절이었다. 시인 기질이 있다는 것은 이런 시인을 두고 하는 말일 것이다.

언제 왔는지도 모르는 가을은 벌써 늦가을로 접어들었고 짧은 가을, 시월의 마지막 주에 「시월」을 읽어본다.

2.

며칠내 바람이 싸늘히 불고
오늘은 안개 속에 온 마음 끌림은
잊고 싶은 약속을 못다한 탓이리

낡은 丹靑 밖으론 바람이 이는 가을날
잔잔히 다가오는 저녁 어스름
며칠내 며칠내 낙엽이 내리고 혹 싸늘히 비가 뿌려와서…
절 뒷울 안에 서서 마을을 내려다보면
낙엽지는 느릅나무며 우물이며 초가집이며
그리고 방금 켜지기 시작한 燈불들이 어스름 속에서
알 수 없는 어느 하나에로 합쳐짐을 나는 본다.

여기 나오는 절은 수원의 용주사(龍珠寺)라고 한다. 이 절에 가서 이 시에 나오는 '절 뒷울 안에' 서 보고 싶다. 그런 늦가을 저녁 눈에 보이는 모든 것들이 '알 수 없는 어느 하나에로 합쳐지는 것'을 과연 볼 수 있을 것인가?

고교 시절 도서관 뒤의 방공호 있는 언덕이 생각난다. 저녁 무렵 도서관에 책을 펼쳐 놓은 채 낙엽이 떨어지는 이 언덕에 올라가서 앞으로 보이는 저녁 어스름에 묻혀 가는 도서관과 운동장, 그리고 멀리 하나 둘씩 점등(點燈)되어 가는 가로등과 시가지를 바라본 것이 무릇 몇 번이었던가?

봄이면 숨을 쉬기도 어려울 정도로 대기 속에 눈처럼 흩날리는 버드나무 비늘, 시야에 닿는 모든 공기 속을 부유하는 작은 낙하산같이 생긴 민들레 홀씨, 코를 찌르는 라일락 냄새, 비가 오고 바람이 불고 꽃잎이 바람에 흩날리고 낙엽이 지는 곳, 대도시의 한복판에서도 계절의 흐름에 따른 자연의 변화를 사무치게 느낄 수 있는 곳, 무의식 속에 잠재하여 있다가 가끔씩 꿈자리 속으로 넘쳐흘렀던 낙원(樂園)의 모습이 어렴풋이 기억되는 곳.

우리는 그런 곳에서 과연 고교 시절을 보낸 것이었던가?

이어지는 6연은 그야말로 가을 서정의 극치를 이룬다.

3.

창밖에 가득히 낙엽이 내리는 저녁
나는 끊임없이 불빛이 그리웠다.
바람은 조금도 불지를 않고 등(燈)불들은 다만
그 숱한 향수(鄕愁)와 같은 것에 싸여가고
주위는 자꾸 어두워 갔다.

이제 나도 한 잎의 낙엽으로 좀 더 낮은 곳으로 내리고 싶다.

따뜻한 곳이 그리워지는 계절이다.
끝없이 낙엽이 떨어지는 늦가을이다.
땅에 떨어져 다른 낙엽 위에 몸을 뉘인 낙엽의 자세.
그 위에도 옆에도 낙엽은 떨어져 쌓인다.
주변의 모든 다른 나뭇잎들이 떨어져 내린다.
한때 나무의 자존심이었던 이파리를 팔락거리면서 한 잎 한 잎이 작은 부채처럼 시원한 바람을 만들어 주던 지난여름의 추억을 안으로 간직하면서….

나이 스물에 '이제 나도 한 잎의 낙엽으로 좀 더 낮은 곳으로 내리고 싶다'고 말한 시인은 누구인가?

2021. 10.

3

전주기행

막걸리의 추억

- 둘레길 산행 참가기

이틀 전인 2009년 10월 26일로부터 30년 전에 작고한 박 대통령은 그 공과에 대하여 의견이 분분하지만, 그의 가장 인간적인 풍모는 시골의 논둑에 걸터앉아 농민들과 함께 막걸리 한 잔을 걸치던 한 장의 사진에 잘 나타나 있다. 그가 측근 인사에 의하여 살해된 이후로 여러 명의 대통령이 있었으나 연출을 해서라도 이렇게 소탈한 모습을 보여준 대통령은 그 말고는 없었던 것으로 기억한다.

요즈음은 웰빙 바람을 타고 막걸리는 그 장점에 대하여 재조명을 받고 있고, 이러한 현상은 바다 건너 일본에서 먼저 시작되었다. 필자도 신문에 한국산 맥주가 호프 함량 부족이라는 기사가 난 이후로부터 그동안 잘 마시던 맥주가 외국산 맥주에 비해서 어쩐지 맛이 없었던 것이 이유가 있었구나 하는 깨달음 비슷한 것과 함께 막걸리를 선호하게 되었다.

동기 산우회에서 가을 행사로 지리산 둘레길을 간다고 해서 이정표를 살펴보니 필자의 고향인 함양, 산청을 경유하는 것으로 되어 있었다. 한 이십 년쯤 전에 집안의 결혼식이 고향 현지에서 있었을 때 친척 아저씨 한 분이 막걸리 한 말을 들고 오셨는데, 톡 쏘는 맛과 향이 기막혀서 물어보니 덕산 막걸리라고 하던 것이 기억나 이번 여행에 참가하기 전에 인터넷으로 산청군 덕산양조장을 검색해서 우리 일행이 하룻밤 묵을 곳으로 배달을 부탁했더니 거리상으로 너무 멀어 불가능하다고 한다.

버스가 일곱 시 반에 동호대교 건너 현대백화점 주차장에서 출발하는 것으로 되어 있어서 시간 맞춰 일산에서 한 시간 전에 출발할 때, 편의점에 들러 물 두 병과 함께 장수막걸리 한 병을 사 가지고 가서 옆자리에 앉은 강효수 학형과 함께 한 잔씩 나눠 마시던 것을 시작으로 해서, 일요일 오후 지리산에서 서울을 향하여 출발하던 순간까지 혈중의 알코올 농도는 일정량 이상을 유지했었고 그중 대부분은 끊임없이 홀짝거렸던 막걸리에 의한 것이었다.

그래도 진일보했다고 하는 것은 이번 여행에서는 귀경길의 차 중에서 술 마시는 일은 없었는데 이런 일은 산우회가 생기고 나서 처음 있었던 일이라고 하니 산우회의 술꾼들도 우리도 '하면 된다'라는 성취감을 가질 만한 일이었다고 한다.

첫째 날의 들길 걸어가는 여행도 좋았으나, 둘째 날인 일요일 아침부터 시작된 야트막한 오름길 산행은 너무 좋았다. 더없이 좋은 청명한 가을 날씨 그 자체였고 단풍이 들기 시작한 활엽수들로부터는 색색의 낙엽이 떨어져 쌓여서 밟히기 시작했다. 계곡의 물도 가을 햇빛을 받아 영롱하게 빛을 굴절시키고 있었고 산중의 맑은 공기는 작취(昨醉)로부터 회복하는 것을 도와주기도 했지만, 새로이 술 한 잔을 마시고 싶은 마음을 불러일으키기도 했다.

지리산은 바위가 별로 안 보이는 육산(肉山)이라, 명불허전(名不虛傳)이라는 말도 있듯이 이름난 명산의 품속은 넉넉하고 너그러워서 지난밤의 광란과 작취라는 무례함에 대하여서도 숙취의 괴로움을 주는 방법으로 징벌하지 않았고, 그 품안을 순례하는 모든 이들을 몸과 마음의 괴로움으로부터 쉬이 회복시켜 주고, 또 새로이 술 마시고 싶은 마음까지도 허락함으로써 산은 우리에게 허물을 탓하지 않고 그지없는 은총을 베푸는 것으로 느껴졌다.

지리산 리조트라는 곳으로 기억한다. 하룻밤을 묵은 곳인데도 기억이 가물가물한 것은 그 토요일 밤에 마신 술로 인하여 머릿속 필름이 연결이 안 되는 부분이 생겼기 때문이다. 막걸리를 비롯하여 양주, 맥주, 소주, 포도주에 이르기까지 음식점에서 나온 술과 회원들이 준비해 온 각종의 술이 다 등장했고, 바비큐 한 돼지고기에, 지리산 흑돼지 수육에, 오리고기 백숙을 비롯한 온갖 안주를 즐비하게 차려 놓고 산우회의 기라성 같은 멤버들과 사모님들을 대동하고 앉으니 더이상 환상적인 분위기가 없었다. 그러나 여러 종류의 술과 두 병이나 있는 조니워커 블랙을 보는 순간, 양주에 약한 나는 저 술을 마시고 과연 별 일이 없을까 하는 걱정이 머리를 스치고 지나가던 것이 기억난다.

하여튼 밤 9시 이후로는 블랙아웃에 빠졌던 것 같고 이튿날인 일요일 아침에 일어났을 때 처음 머리에 떠오르는 것은 '해는 또다시 떠오른다'라는 구절이었다.

숨이 조금 찰 만큼 올라가니 기대에 어긋나지 않게도 산중에 주막집이 나타난다. 우선 큰 함지박에 찰랑거리고 넘치도록 담겨 있는 물을 한 바가지 떠서 목을 축였다. 물맛에 잡스러운 기운이 전혀 없이 차고 달았다. 먼저 올라온 친구들은 벌써 통나무를 깎아서 만든 주석에 자리를 잡고 앉아서 막걸리를 한 잔씩 하고 있었다. 노천에 간단한 천막을 쳐 놓고 막걸리와 몇 가지 안주를 파는 집이었는데 값은 조금 비쌌으나 막걸리 맛이 예사롭지가 않았고 양념간장에 찍어 먹는 두부도 맛이 좋았다. 얼굴이 동그스름한 주모는 전을 부치랴 손님 응대하랴 여념이 없이 바빴는데, 어떻게 이렇게 맛이 좋으냐고 물어보니 귀에 익은 정다운 고향 사투리로 옆에 있는 살림집에서 이곳의 물과 재료로 직접 만든 술과 두부라고 한다.

이곳의 행정구역을 물어보니 경남 산청(山淸)군 금서(今西)면 자혜리라고 한다. 필자의 고향인 함양(咸陽)군 유림(柳林)면과 금서면은 다리로 연결된 작은 강 하나를 사이에 두고 있는 이웃한 면이었다. 산중이지만 고향 마을의 지척에까지 온 것이었다. 어린 시절 집안에 혼사가 있으면 술을 담그던 것이 생각났다. 고두밥을 해서 술독 속에 누룩과 섞어 넣고 물을 부어 휘저어서 골방 속에 며칠이고 두면 술 익는 냄새가 났다. 술을 걸러내고 남은 밥을 술지게미라고 했는데 주스나 청량음료가 없던 그 시절에는 여기다가 감미료로 쓰이던 사카린을 넣어서 먹곤 했었다. 그러다가 일요일 아침부터 취하여 누워 있던 일도 있었으니 알코올의 개인사는 실로 어린 시절부터 비롯된 것이었다.

산우회장과 총무 및 산행대장을 비롯한 산우회 집행부는 돈이 생기는 일도 아니고 큰 명예가 되는 일도 아닌데도 매번 산행에 한 명이라도 더 데리고 가는 일을 자신의 큰 즐거움으로 하고 있다는 인상을 받게 된다. 친구들이 자리에 편히 앉아서 술 마시고 있어도, 고기 굽고 술과 안주를 나르는 심부름을 자기가 당연히 해야 할 일로 삼고 있고, 등산을 기획하는 일로부터 시작하여 사전답사, 회원 모집, 연락, 관광버스 수배 및 귀경 후 뒤풀이와 술에 취한 친구를 보살피는 일에 이르기까지 누군가가 하지 않으면 산행이 이루어지지 않을 중요한 일을 솔선수범하여 하는 것을 보면 그들도 산의 넉넉하고 너그러운 품성을 닮아가는 것이 아닌가 하는 생각이 저절로 든다.

참으로 흐뭇한 가을 여행이었고 그들의 동기들에 대한 끝없는 봉사에 대하여 고마운 마음을 금할 길이 없었다.

막걸리로 시작한 이번 지리산 둘레길 여행도 막걸리의 추억과 함께 오래 기억될 것이다.

2009. 10.

전주기행(全州紀行)

1. 예언자(豫言者)

한 달 전만 해도 캄캄할 시간이었으나 하지(夏至)를 일주일여 남겨 놓은 날짜이고 보니 해가 막 저무는 늦은 저녁이었다.

금요일 낮까지도, 그날 저녁에 전주의 한 음식점에서 친구 세 명과 함께, 시큼한 묵은지와 삼겹살 삶은 것, 그리고 삭힌 홍어 같은 '삼합'이라고 불리는 남도 음식을 앞에 놓고 마주 앉게 되리라는 것 비슷한 것도 생각지 못했다. 더구나 다른 사람의 미래를 예언해 주는 특별한 능력이 있다는 한 여인과 같이 자리를 하게 되리라는 것은 더욱 그랬다.

한 시간 반쯤 전에 친구가 운전하는 차가 그녀의 집 앞에 도착했던 순간, 생대나무로 된 장대 끝에서 태극기와 절을 표시하는 만(卍)자 깃발이 휘날리고 있는 것을 보고서야, 밑도 끝도 없이 전주에 한 번 가자는 친구를 따라서 영문도 모르고 찾아온 곳이 점치는 집이라는 것을 알 수 있었다.

일행 중의 한 명이 예언의 능력을 가진 여인으로부터 미래에 관한 조언을 받고 있는 동안 우리는 문밖에서 서성거리며 텃밭에 심어 놓은 채소의 가짓수를 헤아리고 있었다. 필자로서도 친구도 보는데 한 번 봐볼까 하는 호기심을 억누르기가 쉽지 않았다. 그러나 명색이나마 기독교에 이름을 걸고 있다는 자가 교리에 분명히 어긋나는 일을 할 수는 없다는 생각과 아울러 미묘한 상황에서는 작은 암시에 의하여서도 균형이 한쪽으로 치우칠 수도 있다는 생각에 친구가 다 보고 나온 순간 그녀의 방에 들어가고 싶은 생각을 억누른 것이었다.

그녀는 약간 수줍어하고 착해 보이는, 평범한 인상을 가진 중년의 초입에 접어든 여인으로서, 30년간 교회를 나갔고 남편과 딸은 기독교인이라고 했다. 또한 어머니가 재가(再嫁)하여 의부 슬하에서 성장기를 보냈다고 했으나 그녀의 얼굴 표정에서 불행한 과거의 흔적 같은 것은 찾아볼 수 없었다. 필자는 무속인과 면대(面對)하는 일은 평생 처음이었으므로 호기심을 이기지 못하고 몇 가지의 질문을 퍼부었다.

문: 점쟁이가 되기 위한 특별한 수련, 예를 들면 복술(卜術)공부를 많이 했다던가, 고명한 스승으로부터 사사했다던가 하는 과정을 겪었는가?

답: 그런 것은 별것이 없고 언제부터인가 나한테 보는 능력이 왔다는 것을 알았다. 어떤 사람을 보면(그 사람의 운명과 미래가) 보인다.

보이는 것을 말하는 것뿐이다.

문: 사람의 운명은, 조상으로부터 물려받는 것이나 얼굴에 쓰여 있는 것 등 선천적인 것과 후천적인 노력 등으로서 이루어진다고 생각하는데 그 점에 대하여서는 어떻게 생각하는가?

답: 나는 선천적인 것이 2~30% 후천적인 것이 7~80% 정도 된다고 생각한다.

남의 운명을 봐주는 것을 업으로 삼는 점쟁이에게서 들을 것으로 예상되지 않던 말이 나오니 궁금증이 더 생겨서 여러 개의 질문을 했었으나 친구들과 양주 한 병과 맥주, 소주 등을 한 잔씩 권해가면서 좋은 분위기에서 있었던 면담이어서 지금 기억하지 못하는 것도 있다. 혹시 당신 하는 일이 사기의 의심이 있는 일 아니냐는 뉘앙스가 섞인 질문 쪽으로 가면 옆에 앉은 친구가 손가락으로 옆구리를 찔러 댔기 때문에 날카로운 질문은 하지도 못했다.

이 용한 능력을 가진 보살은 매일 새벽 4시 20분에 산에 올라가서 기를 받는다고 했고, 자신에게 능력이 언제까지 지속될지는 모르나 능력이 없어지면 이 일을 더 이상 하지 않겠다고 했다.

2. 정성식당

다음 날인 토요일 아침, 무거운 눈꺼풀을 억지로 뜬 곳은 변산(邊山)해수욕장의 어떤 민박집이었다.

지난밤 전주에서 택시를 타고 가까운 바닷가로 가기로 하여 이 민박집의 가겟방에서 맥주 몇 병을 더 마시다가 친구들과 넷이서 나란히 한 방에 널브러져 잔 곳이 이곳이었다. 바닷가라고 했지만 한 번도 바다 구경을 하지 못하고 작취미성(作醉未醒)인 상태로 변산반도를 떠났다.

나중에 친구한테 들으니 그 민박집의 뒤쪽이 바로 바다라고 했다.

택시를 타고 어제 차를 세워 놓은 곳을 찾아 전주 시내로 들어오던 중 운전기사에게 아침 식사를 할 만한 식당을 추천해 달라고 했더니 '정성식당'이라는 곳이 값도 싸고 먹을 만하다고 한다. 네비게이션에 쳐 넣고 안내되는 데로 찾아갔더니 차가 드나들기도 어려운 곳에 있는 싸구려 중국집이 나타났는데 '짜장면 1500원'이라고 붙어 있었다. 운전기사가 잘못 기억하고 있었던 것이라고 판단되어 다시 찾아보기로 하고 우선 가까운 목욕탕을 찾아서 시원하게 목욕을 하고 나니 정신이 나고 살 것 같았다.

전주의 남문에 해당되는 풍남문(豐南門) 근처에 있는 콩나물해장국집에서 세 그릇을 시켜서 네 명이 나눠 먹었다. 그 음식점에 들어가기 전에 의견이 갈려서 순대국을 먹자는 사람이 더 많았으나 한 사람만 콩나물해장국집에 떨어트려 놓고 나오면 그 친구는 울면서 먹을지도 모른다고 생각하여 같이 먹어 주기로 했다. 일단 세 그릇을 시켜서 넷이 나눠 먹은 다음, 다시 순대국집에 들어가서 두 그릇을 시켜서 다시 네 명이서 나눠 먹을 계획을 세웠으나, 모주 한 잔씩을 곁들여서 콩나물해장국을 먹고 보니 생각이 달라져 순대국집에는 가지 않기로 했다.

일단 아침은 해결했으나 점심 식사를 대비하여 국밥집 주인에게 정성식당을 다시 물어보니 정성식당이 아니고 '정성회관'이라고 하면서 가는 길을 자세히 가르쳐 줬으나 모두 전주의 지리에는 문외한이라 다시 네비게이션의 도움을 받기로 했다. 정성회관이라고 쳐 넣은 다음, 나오는 두 개의 정성회관 중에서 국밥집 주인의 설명에 부합되는 곳을 찾아갔더니 이번에는 '정성회관'은 간데없고 '정성우'라는 한 우요릿집이 나오는 것이 아닌가?

정성을 기울여서 찾는 우리를 끝까지 외면하는 정성회관은 아무래도 우리와는 인연이 없는 것으로 하고, 전주에 온 김에 '한옥마을'이라는 곳을 구경하기로 했다. 전통 한옥집으로 이루어진 동네였는데, 일행 중 한 사람이 커피를 마시고 싶다고 하여 차를 파는 집에 들어가니 커피는 없고 전통차만 판다고 하여 오미자차 2잔과 녹차 2잔을 시켰다.

전통 공예품과 수예품으로 아기자기하게 장식된 찻집이었다.

3. 영화구년(永和九年)

앞자리에 앉은 친구의 등 뒤로 액자가 하나 있었는데, '영화구년, 세재계축, 모춘지초(永和九年, 歲在癸丑, 暮春之初)'로 시작되는 글귀가 써져 있었다. 어디선가 본 기억이 있는 글이었고, 내용으로 보아 예사로운 글이 아니었다.

'영화(永和)'는 중국의 연호인 것 같았고, 글의 중간에 술잔을 물에 띄우고 돌려 마시며 시를 짓는 '유상곡수(流觴曲水)'라는 말이 나오는 것으로 보아, 모여서 글을 쓰고 술을 마시는 모임에 관한 글이라고만 짐작했다.

그러나 졸문을 쓰면서 공부를 해 보니 찻집의 액자에 있던 글은 동진(東晋)의 명필 왕희지(王羲之)의 「난정기서(蘭亭記敍)」라는 유명한 글이었다. 난정기서는 서성(書聖)으로 불리는 서예 역사상 최고의 명필인 왕희지, 그의 글씨 중에서도 최고의 작품이라고 한다. 왕희지는 서수필(鼠鬚筆, 쥐의 수염을 모아 만든 붓)을 사용하여서 이 글씨를 술에 취한 상태에서 썼다고 하는데 이와 같은 희대의 작품을 써 놓고 술에서 깨어난 후에 본인도 마음에 들어 수십 번을 이와 똑같이 써 보려고 했으나 실패하였다고 전한다.

이 유서 깊은 글은 왕희지가 회계(會稽)의 태수로 있을 적에 문사현인들을 모아 놓고 화창한 봄날에 시회(詩會)를 벌인 것에서 유래된다고 했다. 인근의 강물을 끌어들여 아홉 구비의 물굽이를 만들어 놓고 띄워 놓은 술잔이 자기 앞에 왔을 때 시 한 수를 읊는 식이었는데, 모두 41인이 참석하여 37편의 시를 지었다고 한다. 이것을 모아 시집을 만들었다고 하니 자기 차례에 시를 짓지 못한 네 사람은 벌주를 마신 것으로 보인다. 이 시집의 서문이 곧 「난정기서」이다.

이 글씨는 그의 9대 후손인 지영선사(智永禪師)에게까지 전하여졌다가 그의 제자인 변재(弁才)의 손으로 넘어갔는데 그때는 당(唐)나라가 시작되던 시절이었다. 당태종 이세민은 왕희지의 글씨를 너무 좋아한 나머지 책략을 써서 이것을 변재에게서 빼앗아 항상 곁에다 놓고 감상하였고 그가 죽을 때는 그의 능인 소릉(昭陵)에 부장품으로 묻었다고 한다. 그러나 당말(唐末)의 혼란기에 소릉이 파묘(破墓) 도굴되는 바람에 진품은 유실되었다고 하며, 지금에 전하는 것은 당태종이 생전에 학사원에 명하여 풍승소(馮承素)와 초당사대가(初唐四大家. 歐陽洵, 虞世南, 褚遂良, 薛稷)라고 하는 당대의 명필들에게 시켜서 모본(模本)을 만들어서 가까운 신하들에게 나누어주었던 것이라고 한다. 이때에 만

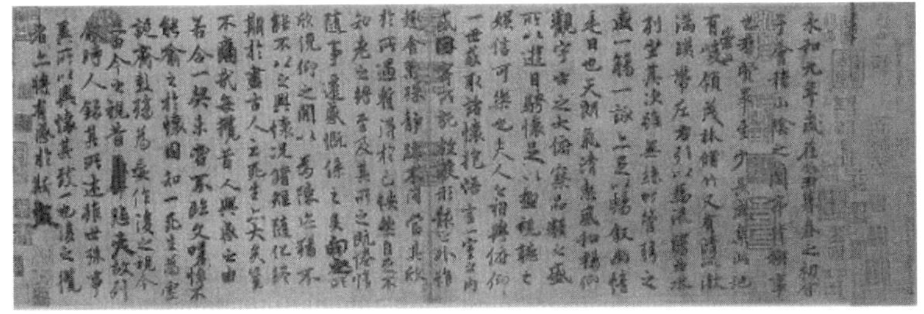

풍승소신룡본

들어진 몇 종류의 사본이 지금에 전하여지고 있는데 사진에 보이는 것은 풍승소 신룡본(神龍本)이라는 이름으로 전해지는 임본(臨本, 문자 위에 투명한 종이를 놓고 글씨를 모사한 것)이다.

사람들이 인생을 즐기고 노는 정서는 흐르는 물 위에 술잔 띄워 놓고 돌려 마시고 시 한 수씩 읊던 천육백 년 전이나, 폭탄주 돌려 마시고 가라오케에 맞춰 노래 한 곡씩 뽑고 노는 지금이나 큰 차이가 없는 듯하였다. 또한 나 개인은 개별적이고 우리의 인생은 덧없지만 나와 우리의 핵심인 정신은 예나 지금이나 변함이 없어 앞으로도 면면히 이어질 것을 생각하게 된다.

아무래도 이 인문학적인 명문의 앞부분을 소개하는 것이 졸문의 부족함을 보완해 줄 것 같은 생각이 든다.

永和九年, 歲在癸丑, 暮春之初, 會于會稽山陰之蘭亭, 修 事也. 群賢畢至, 少長咸集.

此地有崇山峻嶺, 茂林修竹; 又有淸流激湍, 映帶左右.

引以爲流觴曲水, 列坐其次; 雖無絲竹管弦之盛, 一觴一詠, 亦足以暢敍幽情.

是日也, 天朗氣淸, 惠風和暢; 仰觀宇宙之大, 俯察品類之盛; 所以遊目騁懷, 足以極視聽之娛, 信可樂也.

夫人之相與, 俯仰一世, 或取諸懷抱, 悟言一室之內; 或因寄所託, 放浪形骸之外.

雖趣舍萬殊, 靜躁不同; 當其欣於所遇, 暫得於己, 快然自足, 不知老之將至.

영화 9년 계축년 3월 초에 회계군 산음현의 난정에 모여 '수계' 행사를 열었다.

뭇 선비들이 모두 오고 젊은이와 어른들이 다 모였다. 이곳은 높은 산과 고개가 있고, 깊은 숲과 울창한 대나무 그리고 맑은 물이 흐르는 여울이 좌우로 띠를 이루는 곳이다. 물의 흐름을 끌어들여 잔을 띄우는 물굽이를 만들고 순서대로 자리를 잡으니, 비록 성대한 풍악은 없어도 술 한 잔에 시 한 수씩 읊으며 또한 그윽한 정회를 펼칠 만하였다. 이날은 날씨는 맑고 바람이 화창한데, 우러러 우주의 큼을 보고, 고개를 숙여 사물의 흥성함을 살피니, 경치를 둘러보며 정회를 펼침은 족히 보고 듣는 즐거움을 다하기에 참으로 기쁘기 한이 없었다. 무릇 사람들이 서로 어울려서 한평생을 살아가되, 어떤 사람은 벗을 마주하여 서로 회포를 나누고, 어떤 사람은 정회를 대자연에 맡기며 유람을 한다.

비록 나아감과 머무름이 서로 다르고, 고요함과 시끄러움도 같지 않건만, 자신의 처지를 만족하며 잠시나마 득의하면 기쁘고 흡족하여 장차 늙어 죽으리라는 것도 모르는 법이다.

2009. 6.

사천인상기(四川印象記)

얼후와 변검

4박 5일 동안의 사천 여행의 마지막 코스는 여행사의 미니버스로 성도 시내의 한 공연장을 향하여 출발하는 것으로 시작되었다. 우리는 '선균왕(鮮菌王)'이라는 음식점에서 버섯을 재료로 한 샤브샤브로 여행 중 마지막 저녁 식사를 하고 이 공연장에 도착한 것이었다. 차에서 내리니 겨울비인지 봄비인지 분간이 안 되는 차가운 초저녁 비가 소리 없이 내리고 있었으나, 어느 준비성 있는 회원이 챙겨온 우산이 있어서 다행히 비를 안 맞고 입장할 수가 있었다. 공식적인 여행 경비에 엑스트라로 얼마 더 내고 본 구경이었다.

극장 안에 들어서니 좌석이 3~400석밖에 안 되어 보이는 작은 극장이라는 것을 알 수 있었는데 우리가 제일 먼저 도착한 것인지 좌석에는 아직 아무도 없었다. 여행사의 가이드들이 몰고 온 뜨내기 단체 관광객들을 상대로 하여서 중국의 전통예술을 공연하는 것을 전문으로 하는 곳이라는 느낌이 물씬 풍기는 초라한 관광객용 극장이었다. 우리는 좌석번호대로 1층 맨 앞자리의 왼쪽에 나란히 앉게 되었는데 전면의 무대 왼쪽 출입구가 닫히지도 않고 계속 열려 있어 빛이 들어오는 것뿐만 아니라 찬바람도 쉴 새 없이 들어와 나는 몇 번이나 일어서서 문을 닫고 올까 하는 마음이 일어났으나 실행에 옮기지는 않았다.

연극 같은 공연예술을 하는 사람들이 배고픈 생활을 하고 있다는 것은 다 아는 얘기고 중국에서도 예외는 아닐 것이다. 중국의 수도도 아닌 사천성의 허름한 극장의 전속 배우들에게 있어서는 더욱 그러할 것이고 그런 배우들과 이런 분위기의 극장은 서로 매칭이 된다는 생각이 들었다.

한국에서도 지금까지 그래 왔고 극히 일부의 예외를 제외하고는 현재도 그렇다.

항상 새롭고 자극적인 것을 찾는 대중들의 관심은 소녀시대나 카라의 일거수일투족에 쏠리고 낭낭악극단의 악극이나 동춘서커스단의 공연 같은 것은 역사의 뒷전으로 사라져 가는 것이다. 그러나 한 시대의 마지막 부분을 살면서 전통예술에 몸을 담은 인생들은 어떻게 할 것이며 우리는 그들을 어떤 자세로 대하여야 할 것인가?

역시 전통예술이라는 것은 제가 좋아서 미친 사람들이 하는 짓에 불과한 것인가?

구태여 내가 걱정하지 않아도 되는 결론도 없을 쓸데없는 생각을 하고 있는 순간, 무대에는 불이 나가더니 다시 켜지면서 사회자가 마이크 앞에 선다. 키가 크고 몸이 가늘고 자세가 똑바른 30대 후반쯤으로 보이는 여인이었는데 앞으로 있을 레퍼토리에 대하여 중국어와 영어로 설명을 했으나 가끔 아는 단어가 들리는 듯했을 뿐 무슨 말인지 알아듣지 못하니 나의 짧은 외국어 실력을 절감케 했다. 다행히 무대 양쪽 아래에 전광판이 있어 간체자로 간략한 설명이 나오니 무슨 일이 일어나고 있는지에 대한 대강의 짐작을 가능케 했다.

다음 순간 무대에는 성도(成都)가 촉한(蜀漢)의 수도였다는 역사적 사실을 빠트리고 지나갈 수는 없다는 듯 유비, 관우, 장비의 3형제가 등장한다. 경극(京劇) 무대에 출연하는 요란한 복장과 분장을 하고 얼후와 비파와 아쟁과 동라로 정신 어지럽게 반주를 해대니 제대로 된 것을 본격적으로 감상하는 기회는 후일로 미루더라도 관광객용 맛보기 수준으로서의 경극 구경은 충분하지 않았나 싶었다.

유비는 은회색 가면에 쌍고검(雙錮劍)을, 관우는 붉은 가면에 청룡언월도(靑龍偃月刀)를, 장비는 노란색 가면에 장팔사모(丈八蛇矛)를 들고서 무대 위를 빙빙 돌아가는데 대사는 음성과 창을 섞어서 한다.

그다음으로 사천 스타일의 창가(唱歌)와 불을 입으로 토하는 기예와 사천 지방 고유의 극이라는 천극(川劇)과 인형극과 그림자극을 비롯한 처음 구경하는 여러 종류의 공연예술이 선을 뵈었으나 이 자리에 다 기술하기에는 필자의 능력과 시간이 부족하여 후일로 미루기로 한다. 단지 한마디 하지 않고서 그냥 지나갈 수가 없는 인상적인 것이 두 가지 있었으니 얼후(二胡) 연주와 변검(变脸) 공연이 그것이다.

얼후는 그 이름에 호(胡)가 들어간 것에서 보듯이 만리장성 너머 유목민의 악기였으나 만리장성을 넘어온 모든 민족의 운명이 그러하듯 중국화 되어 버린 악기이다. 우리나라 악기인 해금과는 음색과 모양이 유사하지만, 현이 두 줄이라는 것이 다르고 영화 「와호장룡(臥虎丈龍)」에서 본 것처럼 음색이 맑고 애절하고 때로 웅혼하기도 하여 표현능력이 더욱 다양하다. 몇 년 전에 이름난 중국인 피아니스트인 랑랑(郎朗)과 얼후의 명인이라는 그의 아버지가 협연하는 것을 TV에서 보고서 얼후가 특별한 악기라는 것을 처음 알았다.

이날 저녁의 얼후 연주자는 자그마한 키에 왕년의 재건국민복 같은 중국식 복장을 하고 나왔는데 젊은 시절의 모택동을 연상케 하는 데가 있었다. 얼굴은 평범하게 생겼으나 그의 연주는 신출귀몰하는 솜씨가 있었다. 저렇게 날고 기는 연주를 하려면 연습에 바친 시간은 그 얼마이며 타고난 재주는 어떠한 것일까?

전에 FM방송의 국악프로그램의 해설자가 해금의 처량한 음색이 전성시대를 지난 그늘 속의 중년 여인을 연상케 한다는 말을 듣고 실소를 금치 못한 일이 있었는데 얼후의 음색과 곡조는 무엇을 말하고 있는 것일까?

한국에서의 우리의 삶이 왜곡된 역사와 전란과 배금(拜金)으로 짓밟혔고 그 정서가 대중음악으로 표출되고 있다면, 유구한 역사와 광대한 국토, 가히 인간의 바다(人海)라고 밖에는 표현할 길이 없는 엄청난 수의 인총 속에서 어차피 하나의 개인일 수밖에 없는 한 인간의 애환은 무엇으로 표출될 것인가?

중국의 인민들은 한 개인의 운명 속에서 엄청난 인구와 광대무변한 국토의 무게가 감당이 잘 안 되고 있다는 생각이 들었고 그것이 얼후의 음색과 멜로디 속에 녹아 있다는 생각이 들었다. 여러 곡의 얼후 연주가 있었고 극장에서 나올 때 그날 밤 연주자의 CD도 판매하고 있었으나 구입해 오지 않은 것이 후회된다.

극장에 들어올 때 받은 좌석표는 무대 바로 앞의 자리였으나 나는 사진을 찍을 생각에서 잘 됐다고 생각하고 있었다. 어디서나 공연장에서의 사진 촬영은 금지되어 있었지만 저작권이나 초상권에 대한 개념이 허술한 중국에서는 별문제가 되지 않을 것이라 생각하고 공연이 시작된 이후에도 사진을 찍고 있었다.

사천지방에서 전승되고 있다는 변검은 중국어로 비엔리엔(biànliǎn)이라고 읽는데 경극 복장을 한 배우가 무대에 올라와서 춤을 추면서 한 바퀴 돌거나 손에 쥐고 있는 부채로 얼굴을 가렸다가 떼면 얼굴에 쓰고 있는 가면이 다른 것으로 홱홱 바뀌는 것이다.

갑자기 무대에서 배우 한 명이 내려오더니 맨 앞에서 열심히 사진을 찍고 있던 나에게 바로 앞에서 손을 내밀었다. 깜짝 놀란 나는 순간적으로 '금지된 것을 하고 있으니 카메라를 달라고 하는구나' 하는 생각이 스쳐갔는데 배우는 다시 한번 손을 내밀며 흔든다. '아하, 악수를 하자고 그러는구나' 생각하고 손을 잡아 준 순간 배우는 머리를 홱 돌렸고 맨 얼굴이었던 얼굴에 가면이 나타났다.

당신의 놀라운 재주에 감탄을 금치 못하겠다는 듯이 제스처를 과장해서 해 주고 입을 딱 벌리니 배우는 웃으면서 뒷자리로 걸어간다.

얼후와 변검 공연을 보고 나서 감탄의 느낌을 서로 얘기하면서 극장의 문을 나서니 밤의 어둠 속에서 보슬비는 계속하여 내리고 있었다.

4박 5일의 여정이 모두 끝난 이제 중국의 사천성내에서 우리가 할 일이라고는 인천행 비행기를 타기 위하여 성도공항으로 가는 일밖에 남은 것이 없었다.

2011. 3.

초당두부와 좁은 문

필자가 군복무를 했던 강원도 동해안에서는 두부를 제조할 때 간수 대신에 바닷물을 사용했는데 두부가 큼직하고 맛이 좋았던 것이 기억난다. 동해 가까이에 있는 강릉시 초당동은 두부로도 이름이 난 곳인데 이곳의 민가에서 생산되는 두부를 초당두부라고 했다.

이날 오후에 우리가 구경한 곳은 초당두부와 발음에서 유사한 데가 있는 두보초당(杜甫草堂)이라는 곳이었다. 한국에 한 번도 가 본 적이 없다는 조선족 가이드도 한국에서 온 손님들을 안내하다 보니 들어서 익숙해진 것인지 두보초당을 연신 초당두부라고 한다.

잘 아는 대로 두보는 이백(李白)과 더불어 당나라를 대표하는 시인이다. 시인이라는 이름만으로는 부족해서 이름 붙이기 좋아하는 사람들은 그의 이름 앞에 시성(詩聖)이라는 별칭을 붙였는데 안사(安史)의 난을 겪으면서 피난을 가다가 오히려 반란군에게 붙잡혀 장안으로 끌려가서 가족과 떨어진 채로 있었는데 어찌어찌하여 이곳 성도로 들어오게 되었다. 그는 이곳에서 가족과 함께 4년여를 보내게 되는데 이 파란만장하던 시인의 생애에서 얼마 안 되는 행복한 순간이었던 것 같다.

그의 시는 전란 중에 피폐한 민초의 생활과 자신의 딱한 처지에 대하여 읊은 것이 많은데 자신의 감정을 절제하는 문학적 기법(그가 몰한 이후로 얼마나 많은 문학적 유행과 사조가 오고 갔는가?)에 익숙한 현대인의 눈으로 보기에는 청승맞은 부분도 없지 않은 것으로 보였다.

고교 교과서에도 나오는 이름난 두보의 시를 한 편 감상해 본다.

春望

國破山河在　城春草木深
感時花濺淚　恨別鳥驚心
烽火連三月　家書抵萬金
白頭搔更短　渾欲不勝簪

봄

나라가 망해도 산하는 그대로 있고
성안에 봄이 와도 초목만 우거졌네
마음 슬프니 꽃을 봐도 눈물이 나고
헤어짐이 한스러워 새소리에도 상심하네
봉홧불이 석 달을 그치지 않으니
집에서 오는 편지는 만금과 안 바꾸네
흰 머리 긁으니 또 빠지고
머리카락 다 모아도 비녀 하나를 못 당하네

화려하던 장안성에 봄이 와도 초목만 우거지고 근심 걱정이 많은 시인의 머리에는 탈모 현상까지 발생했다는 내용이니 당 현종이 양귀비와의 열락에 빠져 정사를 게을리하던 것에서 비롯된 안록산과 사사명의 난은 당나라의 인민들에게 얼마나 크고 씻을 수 없는 상처를 주었는지를 감수성 예민한 두보의 시를 통하여 짐작할 만하다.

백제와 고구려를 멸망시키고 의자왕으로 하여금 소정방에게 술을 따르게 하고, 보장왕을 중국으로 데려와 당태종의 소릉에 바치게 하던 당나라도 그로부터 100년이 안 되어 국운에 어두운 그림자가 드리운 것이다.

登岳陽樓

昔聞洞庭水　今上岳陽樓
吳楚東南坼　乾坤日夜浮
親朋無一字　老去有孤舟
戎馬關山北　憑軒涕泗流

악양루에 올라

지난날 동정수를 듣다가
오늘 악양루에 오르네
오와 초는 동과 남으로 갈리고
하늘과 땅이 밤과 낮으로 떠 있네
친한 벗이 글 한 자 없으니
늙어가는 몸에 외로운 배 한 척뿐이네
고향에서는 전쟁이 벌어지고 있으니
난간에 기대어 눈물 흘리노라

이쯤 되면 글 속에서 훌쩍거리는 모습을 독자에게 내놓고 공개하는 것이 되니, 상황을 기술하기만 하고 이에 대한 정서적인 판단은 독자의 몫으로 하는 것을 옳게 여기는 현대의 문학기법의 안목으로 보기에는 감정의 낭비라는 소리를 들을 만하다. 어찌 됐던 1,300년 전의 얘기가 되니 아직 인지(人智)의 발달한 정도가 미천한 단계에 머물러 있던 시절인 것으로 생각하는 수밖에 없다.

현대적인 느낌이 풍기는 두보의 동상이 눈에 띄었는데 혹시 두보의 손에 내 손을 얹으면 시를 잘 쓰는 능력이 옮겨오지 않을까 하는 생각이 모든 관광객들에게 다 있었는지 시성의 손은 반질반질 닳아 있었다.

오전에 방문했던 진리(錦里)거리가 관광객용 거리였다면 오후에 찾아간 샹즈(港子)거리는 성도의 멋쟁이들이 찾아오는 거리였다. 상하이에도 이와 비슷한 신티엔디(新天地)거리가 있어서 몇 년 전 찾아갔던 기억이 새롭다. 자이샹즈(窄港子)로 들어가면 관샹즈(寬港子)로 나오게 되는 거리였는데 좁은 골목으로 들어가서 넓은 골목으로 나오는 것이 그 반대의 경우보다 나은 것이 확실하다.

좁은 문으로 들어가는 것은 성경에도 나오는 권장 사항이고 의학적인 견지에서도 좁다가 넓어지는 것은 문제가 없지만 넓다가 좁아지는 것은 문제가 발생할 소지가 있다는 것은 익히 보아온 터다.

이리하여 우리 일행은 자이샹즈 거리로 들어섰는데 이 거리는 고색창연한 중국식 가옥과, 현대적인 데코레이션과 인테리어에, 돌고래도 춤추게 한다는 상혼(商魂)이 어우러져서 경험해 볼 만한 거리를 이루었다. 괜찮아 보이는 음식점과 찻집, 카페가 줄을 이어 있었고 그중 한 곳에 들어가 보기로 의견이 모아졌다. 고르고 골라 우리가 들어간 곳은 '난정서(蘭亭敍)'라는 이름이 붙은 카페였는데 카페 이름이 어디서 본 듯해서 돌이켜 생각해보니 2년 전 몇 명이 같이 갔던 전주의 한 찻집에 걸려 있던 영화구년(永和九年)으로 시작되던 왕희지(王羲之)의 동명의 명필에서 따온 것임을 알 수 있었다.(졸문 「전주기행」 참조)

정문 안쪽에는 손님들이 앉아서 차를 마시는 공간이 있었고 그 안쪽으로는 12명이 함께 앉을 만한 방이 있었다. 우리는 다 같이 테이블에 둘러앉아 맥주를 한 병씩 마셨는데 이때 흘러나오던 잔잔한 중국 노래가 예사롭지 않아 지나가던 여직원에게 곡의 이름을 물어보니 어딘가로 가서 명함을 하나 가지고 온다. 카페의 이름이 써진 밍피엔의 뒤쪽에는 '小娟 紅雪蓮' 다섯 자가 써 있었다.

귀국하고 나서 졸문을 쓰면서 인터넷에서 검색을 해 보니 샤오옌은 가수이고 「홍쉬에리엔」은 곡명이었다. 홍설련은 사천의 서쪽 고산지대에서 나는 꽃으로 면역력을 증강시키는 약초로도 쓰인다고 했다. 이 곡의 오리지널은 Tina Lawton이라는 호주 가수가 불렀던 스코트랜드 민요 「The Lowlands of Holland」라고 하는데 이것을 중국어로 번안한 노래라고 한다.

이날은 아침부터 제갈량(諸葛亮)의 사당인 무후사(武候祠)와 금리 거리를 구경했고 여행사의 패키지 여행이면 거의 의무적으로 들러야 하는(그리고 사야 하는) 실크매장을 거쳐서 두보초당과 도교 사당인 청양궁(靑羊宮)에 항자거리까지 구경했다. 실크매장 말고는 한 곳 한 곳이 다 천 년 이상의 역사가 쌓인 곳인데 이 많은 곳을 한나절에 돌아보니 성능이 신통치 않은 컴퓨터에 해당되는 필자의 머리로는 과부하가 걸린 느낌이 있었다.

책을 읽어 공부를 하고 나서 후일에 다시 한번 와야만 할 것 같다.

2011. 3.

4

가장 어두운 시간

3김의 추억

집 근처에 '三金'이라는 음식점이 있길래 들어가 보니 삼겹살에 묵은 김치 얹어서 먹는 집이라고 합니다. 3김이 일세를 풍미하던 시절, 국민이 그들을 중심으로 정치적인 희망을 풀어가는 것도 이유가 있다고 생각했었으나 지나고 보니 그게 아닙니다.

3김의 대통령병과 북조선의 1김, 한반도를 통틀어서 4김의 정치적인 야욕으로 80년대와 90년대가 저물었습니다.

저녁 퇴근 무렵 삼겹살에 묵은 김치 얹어 소주 한 잔 마시는 것만큼이나 3김과 그들의 시대가 우리에게 위안을 주는 것인지 모르겠습니다.

70년대 초에 40대 기수론을 앞세워 신민당의 대통령 후보 경선에 나선 김대중, 김영삼 양씨와, 1960년도 군사쿠데타를 통하여 집권한 박정희 씨의 2인자로 출발한 김종필 씨는 2000년대 초까지 약 50년간을 다양한 형태로 명멸하고 부침하며 한국 정치의 주역으로서의 역할을 하였습니다.

1979년 박 대통령이 피살되면서 2인자였던 김종필 씨는 약속된 것이나 마찬가지이던 차기 대권을 놓치고, 1980년 초에 도래한 '서울의 봄'에 양김은 분열된 모양을 보임으로써 결국은 전두환 장군에게 7년간의 대통령 자리를 넘겨주는데 일조한 형국이 되었습니다.

1987년도에 있었던 대선에서도 양김은 단일화를 이루지 못하고 각각 단독 출마함으로써 전두환 씨의 육사 동기인 노태우 씨가 대통령에 당선되는데 결과적으로 가장 큰 공을 세웠고, 불법적인 방법으로 집권한 군인정치가가 대물림을 하는 길까지 터 주었습니다.

부마 사태와 YH여공 사건의 후유증으로 박정희 씨가 피살된 다음해 봄에 이룩되었어야 할 민주화가 양김의 분열에 의하여 늦어지게 되고, 민주화의 열매를 거듭하여 군인정치가가 차지하면서 양식 있는 국민들의 민주화에 대한 열망은 비원(悲願)이 되었습니다.

군 작전을 수행하는 양상으로 벌어진 정보정치의 정치적인 반대자에 대한 탄압은 극심하여 1987년에는 박종철 고문치사 사건, 이한열 최루탄 사망 사건 등이 발생하였고, 1980년대에 대학을 다니던 학생들 전체가 반정부적으로 바뀜에 따라 1990년대 이후의 가장 큰 정치세력으로 부상한 소위 '386세대'는 이 시기에 연원을 두고 있습니다.

1992년 겨울에 있었던 대통령 선거는 이러한 시대와 민중의 절망에 가까운 소망을 담고 있었습니다.

양김은 이번에도 단일화를 이룩하지 못하고 표 대결을 하게 되며 92년 12월 18일의 대통령선거에서 김영삼 씨가 먼저 승리합니다. 과거에 정통성이 박약했던 군인정치가에 비하여 민주화의 정통성을 과신한 YS는 정치적으로 실패하고 결과는 1997년도의 IMF 사태였습니다.

여러 차례의 정계 은퇴와 복귀를 거쳐 1997년도 12월에 대선에 네 번째로 출마한 김대중 씨는 IMF의 와중에서 대통령에 당선됩니다. 그는 한국 정치의 물꼬를 한국전쟁 이후 처음으로 왼쪽 방향으로 트기 시작했고 그의 정책은 2002년도 선거에서 당선된 노무현 씨에 의하여 계승되지만 복잡한 국제 정세 하에서 아직 성공 여부는 미지수입니다.

김종필 씨는 YS와 DJ가 대통령에 당선되는데 결정적인 역할을 하게 되며 그들 정권의 동반자로서 혹은 국무총리를 맡음으로써 박정희 대통령 시대 이래로 50년에 가까운 세월 동안 제2인자로써 한국 현대정치의 한 축을 이룩합니다. '정적이 죽은 후에 살아남는 것도 승리'라고 말하기도 하고 '지는 해나 뜨는 해가 아니라도 벌건 저녁 노을의 역할을 하겠다'고 말한 그가 대통령을 못했다고 하여 과소평가하기는 어렵습니다. 이회창 씨는 그가 갔던 길을 가려 하고 있는 것으로 보입니다.

3김은 현재에도 배후의 실력자, 조종자로서의 역할을 하고 있으나 정치 9단이라는 그들의 카리스마가 퇴색함에 따라 현재의 정계, 특히 야당인 민주당은 지리멸렬한 양상을 면치 못하고 있는 듯합니다.

필자는 1997년도 선거에서는 DJ를 지지하여 온 가족을 동원하여 이회창 씨가 대통령이 되는 것을 저지하였습니다. 그 당시에는 처음으로 비(非)영남 출신이 대통령이 되는 것에 대하여 열광하기도 했었으나 그렇게 해서 뽑아 놓은 사람이 하는 것을 겪어 본 결과는 여러 분이 다 아시는 바와 마찬가지입니다.

정치는 무상하며 정치적인 견해는 무심입니다.

개인적인 견해로는 국리민복을 위한다는 관점에서 직업적인 정치가 출신보다는 참모를 적절히 활용하여 국가조직을 효율적으로 관리한 군인정치가 쪽에 점수를 주고 싶습니다.

2008. 11.

충성가와 무궁화

- 태극기 집회 인상기

지난 3월 1일 처음으로 태극기집회라는 곳에 나갔다.

태극기집회라는 말은 2016년 말부터 2017년 초에 걸쳐서 촛불을 들고 광화문과 서울시청 앞에 모인 사람들의 집회인 촛불집회와는 반대편 성향을 지닌 사람들이 태극기 수기(手旗)를 들고 모였다고 해서 붙여진 이름이다.

나는 참가하고 싶은 마음은 벌써부터 있었으나 스트레스 많은 직장일 때문에 주말에도 마음의 여유가 없어서 참석하기가 어려웠다.

그러나 뜻하지 않은 일로 해서 얼마간 쉬는 기간이 생겨서 한 번 가 보기로 한 것이었다.

오전 9시쯤 집을 나서서 지하철을 타고 경복궁역에 내려서 현장에 도착하니 10시가 조금 넘은 시간이었다.

세종문화회관 뒤쪽 길로 가서 문화회관 건물 아래로 해서 세종로 길에 나서니 기독교 계통의 단체에서 확성기로 방송하는 군가 소리가 들리고 태극기를 든 군중이 집회하고 있는 광경이 보인다.

방송되고 있는 군가에 귀를 기울여 보니 멜로디와 가사가 사뭇 비장하다.

인생의 목숨은 초로(草露)와 같고
조국의 앞날은 양양하도다
이 몸이 죽어서 나라가 산다면
아아 이슬같이 기꺼이 죽으리라

구한말부터 전해 내려온다고 하는 이 노래는 유서가 깊다.

이 노래를 처음 들은 것은 6·25전쟁에 관한 다큐멘터리 영화에서였다.

제목을 「충성가」라고 하는 이 노래를 부르면서 느릿느릿 행군하는 남루한 제복의 군인들의 모습, 이 사람들은 거제도 포로수용소에 수용된 반공 인민군 포로들이었다.

투항한 인민군 포로들은 국군보다도 더 대한민국과 이승만 대통령에게 충성을 다하는 모습을 보여야 했을지도 몰랐다.

전쟁에 나가면 많이들 죽었다. 총알과 폭격에 맞아 나뒹구는 시체는 어디든지 널려 있었다. 언제 내가 그중의 하나가 될지도 모르는 상황에서 내 목숨값의 최대치는 조국이 사는 것이었다.

대구 부산만 남겨 놓고 밀릴 대로 밀려서 없어져 버릴 수도 있는 나라인 조국이 살기 위해서라면 내가 저 벌판과 산기슭에 버려진 시체로 변하는 것도 마다하지 않겠다.

조상들의 것이었으며 우리 모두의 것이며 마땅히 후손들의 것이 되어야 할 조국은 면면히 지속됨으로써 영원하며, 또한 포기할 수 없는 영원한 가치였으므로 그 영원한 것을 지키기 위하여 풀에 맺힌 이슬과도 같은 찰나적인 이 한 목숨을 기꺼이 바칠 수도 있다는 결의를 새로이 하는, 그야말로 비장한 노래를 부르지 않으면 안 되는 상황, 그것이 너와 내가 삶을 이어가고 있는 조국의 2018년 3월의 현재 상황이라고 저 군중들은 판단하고 있는 것이었고 나는 이에 동감하여 이 집회에 참석하여 저 노래를 같이 부르겠다고 생각하고 있었다.

모여 있는 군중에 가까이 접근하자 사람들은 연단에 서 있는 사람의 선창에 따라 구호를 외치고 있었고 완장을 두른 중년 여인이 사람들에게 수기를 나눠주고 있었다.

여인이 주는 태극기와 성조기의 수기를 받아들었을 때 그녀의 몸에 둘러져 있는 완장에는 '우리는 목숨을 걸었다'라고 써져 있었다. 그냥 평화롭게 살아온 나라가 아니고 선열들의 목숨의 값으로 지킨 조국이었다.

대의에 충실하여 태극기 앞세우고 시위를 하더라도 때가 되니 배가 고팠고 꽃샘추위에 쌀쌀한 바람은 불고, 앉아서 쉬고 시장한 배를 채울 곳이 필요했다.

친구들이 기다리고 있다는 세종문화회관 뒤쪽의 중국집에 들어서니 전임 윤 회장과 그와 같이 잘 다니는 강 동지가 손을 흔들고 있는 것이 보인다.

중국집은 우리와 같은 목적으로 광화문에 나온 분들로 가득 차 있었는데 거개가 우리 일행보다 몇 살 연장인 어르신들이었다.

따뜻한 아랫목에서 신문을 보고 앉았을 것이 더 어울릴 우리 형님들을 누가 봄바람 가득한 거리로 불러냈을까?

젊은 시절부터 추종했던 가치체계가 목전에서 붕괴되는 꼴을 눈뜨고 못 보았을 것이다.

인물에 의심이 가지 않는 것은 아니지만 나라의 체제를 지켜줄 것을 믿고 뽑은 대통령들이 해야 할 일을 제대로 못하니, 보다 못해 우리가 지키러 나온 격이 되고 말았다.

식사를 하고 다시 거리에 나서니 오전보다 더 많은 수의 사람들이 태극기를 흔들고 있었고 차츰 대열을 형성하여 광화문 쪽으로 행진하고 있는 것이 보였다.

각종의 반정부적인 슬로건이 써져 있는 현수막을 앞세우고 구호를 외치며 앞으로 행진해 나아가고 있는 가운데 한편에서는 심수봉 가수의 「무궁화」가 흘러나온다.

이 몸이 죽어 한줌의 흙이 되어도
하늘이여 보살펴 주소서 내 아이를 지켜주소서
세월은 흐르고 아이가 자라서
조국을 물어오거든
강인한 꽃 밝고 맑은 무궁화를 보여주렴
무궁화 꽃이 피는건 이 말을 전하려 핀단다
참으면 이긴다 목숨을 버리면 얻는다
내일은 등불이 된다 무궁화가 핀단다

날지도 못하는 새야 무엇을 보았니

인간의 영화가 덧없다 머물지 말고 날아라
조국을 위해 목숨을 버리고
하늘에 산화한 저 넋이여
몸은 비록 묻혔으나 나라를 위해 눈을 못감고
무궁화 꽃으로 피었네 이 말을 전하려 피었네
포기하면 안된다 눈물 없인 피지 않는다
의지다 하면 된다 나의 뒤를 부탁한다

별생각 없이 들었을 때 조국을 위하여 산화한 순국선열을 위한 노래이기도 하지만, 잘 들어 보면 이 노래는 박정희 박근혜 부녀 대통령 집안의 비극과 깊은 관련을 가지고 있는 노래이기도 하다.

작사 작곡에 노래까지 한 가수 심수봉 씨가 1979년 10월 26일 고 박 대통령의 저격 현장에 배석하고 있었기 때문에 심수봉 씨는 자동적으로 박정희 대통령을 연상하게 하며 노래의 내용을 박 대통령 부녀에게 있었던 일에 대입해도 맞아떨어진다.

아는 바와 마찬가지로 박정희 씨는 군사쿠데타로 집권하였으나 집권 후 증산 수출 건설에 매진하여 조국의 경제상황을 획기적으로 개선함으로써 집권의 정당성을 확보하였으며 한국의 현대사에 크나큰 족적을 남겼다.

해방 공간에서 창궐했던 좌파는 북한의 6·25 남침 이후 이를 패퇴시키는 과정에서 이승만 반공대통령과 서북청년회, 김창룡 특무대장, 사상검사 오제도 등의 활동(이들이 악명 높은 것은 사실이지만 이것은 그들에 의해서 피해를 받은 일부 국민에 의하여 확대재생산된 정보이며 대다수의 일반 국민들은 아무 영향을 받지 않았고 오히려 그들의 노력에 의한 사회안정을 향유하였다.)에 의하여 거의 소멸되었고 박정희 씨와 그 이후의 군사정권에 의하여 발붙일 곳을 잃었다.

그러나 김대중 노무현으로 이어지는 좌파정권의 소위 '잃어버린 10년' 동안에 과거의 군사정권에 대한 반발로서 좌파는 반정부의 기치 아래 학생층과 호남을 중심으로 하여 소생하였을 뿐 아니라 2016년 말에서 2017년 상반기 동안에 있었던 일련의 선동적 사태를 통하여 다시 한번 좌파 대통령을 탄생시켰고 믿을 수 있는 수치인지는 모르겠으나 여론조사에서 다수를 차지하기에 이른다.

이는 세계적인 추세에 비하여 뒤늦게 한반도에 찾아온 첨예한 아이디올로지의 시대에 역사 인식과 철학이 부족한 그 전의 이 박 두 대통령들이 마땅히 해야 할 일을 하지 못하거나 하지 않고 여론과 지지율에만 너무 급급해했던 것에 전적으로 기인한 것으로 보아야 한다.

유리할 때 해야 할 일을 안 하면 반드시 불리한 상황이 도래한다. 겉으로 나타나는 모습에만 신경 쓰면 같은 자리를 노리는 생각 많은 자에 의하여 타도 당한다. 한 사람은 실각하여 투옥되었고 다른 한 사람은 검찰청의 폴리스라인에 서야 할 날짜를 기다리고 있다.

그 전에 그들의 선배 대통령들은 어떻게 해서 우리 사회를 내부로부터 교란하는 좌파와 용공분자들을 막아내었나? 그 방법들이 무식하였다고 욕할 것인가?

적어도 그들은 이렇게 임기 말에 현직에서 끌어내려지는 더러운 꼴은 당하지 않았다.

삼국지(三國志)에는 허소(許劭)라는 선비가 조조를 일컬어 '치세의 능신(能臣)이요 난세의 간웅(奸雄)'이라는 평을 하는 장면이 나온다. 이 말을 뒤집어 보면 평화 시대에는 유능한 인재가 필요하고 난세에는 간웅이 필요하다는 말이 될 수 있을 것이다.

해방 이후의 우리나라 역사에서 난세가 아닌 시절이 있었던가?

높은 지지율로 당선되었으니 심모원려(深謀遠慮) 없이 정권을 유지할 수 있다고 자만했을 때, 기나긴 난세를 통하여 양성된 간웅들은 일구월심 집권을 향하여 약진하였고 결국 경천동지할 일이 벌어지고 말았다.

이 박 2명의 대통령이 높은 지지율로 당선된 것은 그 두 사람의 개인적인 인기라기보다는 다수를 차지하는 보수층이 차츰 대두하기 시작하는 좌익 종북분자들을 일소 척결하고 국가의 체제를 지켜달라는 메시지를 보낸 것에 다름 아니었다.

나와 생각이 다른 사람이라고 하더라도 마땅히 천하의 경륜 있는 인재를 발탁하여 난국을 미리 타개해 나가는 모습을 보여야 했었다.

그들의 정권은 무너질 수도 있으나 대한민국이 무너져서는 안 된다.

2018. 3.

가장 어두운 시간

이 영화를 실제로 보고 나니 마음이 착잡합니다.

일산에는 상영하는 곳이 없어서 인터넷에 찾아보니 세브란스병원 뒤쪽에 있는 필름포럼이라는 곳에서 하루에 두 번씩 상영한다고 해서 네이비게이션의 도움을 받아서 찾아갔습니다.

이 영화를 보기 전에 마지막으로 본 영화가 놀란(Norlan) 감독의 「덩케르크」였습니다.

5분 정도 늦게 들어간 극장의 스크린에는 아침부터 위스키를 마셔대고 줄담배를, 그것도 시가로 끊임없이 피워대는 거의 폐인 같은 노인이 잠옷을 걸치고 침대에 걸터앉아 있는 장면이 나오고 있었습니다.

저렇게 술담배를 해대면서 과연 제명에 살 수 있겠나 하는 생각이 들었습니다.

노인이 연설문을 구술하고 그것을 듣고 타입라이팅하고 있는 비서는 그날 아침부터 일하기 시작한 레이튼 양(Miss Rayton)이었습니다.

침대에 앉았다가 일어섰다가 하면서 안절부절 못하면서 구술하고 있는 노인은 까칠하기 짝이 없습니다.

두 줄을 띄우라고 했는데 그렇게 하지 않은 비서를 그날로 해고하려고 합니다.

이 사람은 글로 써진 연설문에 대해서 아주 엄격한 사람이구나 하는 생각이 들었습니다.

어떻게 보면 한심해 보이기까지 하는 이 노인은 그 엄격하게 작성한 연설의 힘으로 패배의식에 사로잡혀 있는 영국인과 연합국에게 불굴의 용기를 불어넣었고 유럽 세계를 뒤덮은 히틀러에 대한 공포에 사로잡혀 편한 타협의 길로 가려고 하는 영국인과 유럽인들을 올바른 길로 가도록한 윈스턴 처칠경이었습니다.

일점일획도 고칠 곳이 없도록 작성된 연설문은 지금까지도 인구에 회자하는 명문으로 남아 있으며 처칠경은 자신의 회고록으로 노벨문학상을 받았습니다.

시대가 영웅을 낳고 영웅이 시대를 낳는다고 합니다.

처칠경의 용기 있는 연설에 힘입은 영국인들은 패배주의를 벗어나서 나치독일에 밀리지 않겠다는 각오를 새로이 했으며 전함뿐 아니라 민간인들의 요트까지 징발하는 데 적극적으로 협조하였고 덩케르크에 포위되어 있는 영국군 30만의 대부분을 무사히 자국으로 철수시켰고 그 병력은 2차대전을 승리로 이끌 수 있었던 원동력이 됩니다.

영화를 보고 나오면서 조국의 여러 현실들이 영화 속의 장면들과 자꾸 비교가 되는 것은 소생의 소감만은 아닐 것이라는 생각을 했습니다.

2018. 2.

배신의 시대

벌써 한 달이 더 지난 얘기지만 4.13총선에서 집권 여당인 새누리당은 122석을 얻음으로써 1석을 더 얻은 더불어민주당에게 원내 제1당의 자리를 내주었다.

예상과 다른 결과가 나온 것에는 여러 원인이 있겠으나 공천 과정에서 추악한 모습을 보인 것이 유권자들로 하여금 등을 돌리게 한 제1의 원인일 것이다.

즉 대통령이 유승민 의원을 배신자로 여겼고 대통령의 뜻을 헤아리는 사람들은 그를 공천에서 제외하려고 하였으나 유 의원 본인과 그에게 동조하는 여당의 대표가 이에 반발하여 집안싸움을 벌이게 되는 과정에서 추잡한 막장드라마를 연출한 것이다.

어머니를 공산주의자의 저격으로 잃고 아버지를 부하의 총탄에 잃은 대통령이 배신에 대하여 남달리 예민한 것은 인간적인 차원에서 이해할 수 있으나 적어도 대통령이라면 보통 사람들이 생각하는 것과는 다른 차원에서 문제를 해결할 수 있는 사람이라야 한다고 생각하는 것은 결국 보통 사람의 생각에 불과한 것일까?

부유한 집안에서 자라서 좋은 학교를 나오고 좋은 직장을 거쳐서 국회의원이 되더니 권력을 탐하고 시류에 영합하여 '강남 좌파'로 변신한 자는 자신의 정치적 보스인 대통령이 배신에 예민하다는 것을 알면서도 자신이 택한 길을 가는 것을 주저하지 않았다.

배신을 함으로써 생기는 이익이 배신에 따르는 징벌보다도 훨씬 크다고 계산했으므로 알고서도 그 길을 갔을 것이다.

배신을 하면 우선 양심의 가책을 받으며, 둘째로는 주위 사람들의 손가락질을 면할 길이 없지만 배신의 원대한 이익이 그걸 감내할 만한 가치가 있다고 생각했으므로 가룟 유다와 브루터스가 갔던 길을 가는 것이다.*

직전의 대통령 후보가 선거에 패배하고 천문학적인 거금의 비리에 연루되어 더 내려갈 수 없을 정도로 당이 절박한 상황에 처했을 때 맨땅에 천막 당사를 세우고 죽을 둥 살 둥 총선을 치러서 당선되게 해주었으면 큰 빚을 진 것인데 자기 정치를 한다고 보스를 하나도 도와주지 않고 국회 내에서의 직위를 이용하여 대통령을 더 힘들게 하여서 비애와 허탈감을 느끼게 하였다면** 등에다 칼을 박은 것과 무엇이 다른가?

전혀 그들의 지역이 아닌 곳에서 두 번째의 의원직을 유지하게 된, 앞의 유 씨와는 대척점에 서 있는 이정현 씨와 신문기자가 인터뷰한 내용이 흥미롭다.***

–정치인에게 가장 중요한 가치 혹은 미덕은 뭘까요?

“진정성과 의리입니다.”

–배신에 대해서는?

“아주 나쁘게 봅니다. 솔직히 그런 인간을 저는 사람으로 안 봅니다. 자기를 믿어주고 정을 나눈 사람에게 등 돌린다는 것은 아주 독한 심사를 가졌다는 뜻입니다. 이런 사람은 어떤 일도 저지를 수 있습니다.”

–사적인 인간관계가 아니라, 정치적 입장과 견해차 때문에 멀어지는 걸 ‘배신’이라고 할 수 있습니까?

“그렇다고 등 돌리고 총질을 해서는 안 됩니다. 보스를 설득해야지요. 그래도 안 되면, 나 같으면 판을 떠나든지 끝을 낼 겁니다.”

난마와도 같이 얽히고설킨 일을 단순명료하게 정리하는 것을 보면 선악의 판단을 넘어서 아름답다는 정서를 가지게 된다.

사람이 가야 할 옳은 길은 무엇인가?

시대를 거슬러서 2200년 전의 중국으로 가 본다.

호해(胡亥)가 진(秦)의 2세 황제로 즉위하게 된 것은 환관 조고(趙高)의 농간에 의한 것이었다.

진시황 영정(嬴政)이 냉온 조절이 가능하도록 특별히 고안된 온량거(轀輬車)에 올라서 자신이 통일한 대륙을 순행하던 중에 사망했을 때 그의 부패한 유해 앞에 모여 앉은 환관 조고와 승상 이사(李斯)와 황자 호해는 3자 합의하에 시황의 유조(遺詔)를 변조한다.

이후의 중국의 역사(나아가서는 세계의 역사)를 바꾼 이 사건을 기록한 사기(史記)의 구절을 인용해보면 "乃爲璽書賜公子扶蘇曰 與喪會咸陽而葬 書已封, 在中車府令趙高 行符璽事所, 未授使者"라고 했는데 이는 "공자(公子) 부소에게 보내는 문서를 써서 말하기를, '함양에서 상(喪)에 참여하고 장사지내라'고 한 뒤 봉인해서 성지를 집행하는 중거부령(中車府令) 조고(趙高)에게 맡겨두었으나, 아직 사자에게 주지는 않았다"는 뜻이 된다.

이 자리에서 호해는 2세 황제가 되었고 변조되지 않은 유조에는 황제위계승자로 되어 있었던 부소(扶蘇)는 죽음을 명받았다.

진의 입국사상은 법가(法家)사상이었는데 거미가 거미줄로 나비를 칭칭 동여매어서 빠져나갈 수가 없도록 하는 것처럼 인간의 기본적인 욕구와 정서를 무시하고 사람과 사회를 법으로 동여매어 국가가 원하는 것을 개인에게 강요하는 체제였다.

시황이 사망하자 시황 한 사람에 의하여 유지되던 시스템이 곳곳에서 균열음을 내기 시작하였으니 전염병 돌듯이 둑방 터지듯이 도처에 반란이 창궐하게 되었다.

진으로 통일되기 전의 한위조연제초(韓魏趙燕齊楚) 등 6국의 후예들은 앞다투어 반란을 일으켰고 그중 초의 장군 항우(項羽)의 세력이 가장 강력했다.

조고의 참소 때문에 유능한 장군은 살아남지 못하는 상황에서 반란을 진압할 장군으로 장함(章邯)이 발탁되었다.

장함은 본래 전국의 저수지와 담수호에서 물고기를 잡는 사람들로부터 수세(水稅)의 징수를 담당하는 관리였다.

저수지와 담수호 근처에는 전답이 있기 마련이었고 그 전답을 생활 근거로 삼는 인민들을 근거로 하여서 반란군의 본거지가 자리 잡았다.

그러므로 어느 지방 어느 경로로 수도인 함양으로 올라오는 길에서 세금이 안 걷힌다면 그곳과 반란이 일어난 곳은 대개 일치했으므로 장함은 반란의 전국적인 상황을 손바닥 보듯이 보고 있는 셈이었다.

2세 황제의 약점을 알고 있는 조고의 전횡이 심했으므로 조정으로부터 도움을 받을 수가 없어 장함은 자신이 직접 토벌군을 조직하는 수밖에 없었는데 과거에 장교로 근무했던 자들을 모아서 토벌군의 핵심부를 만들어 내었으나 사졸이 없었다.

장함은 조고에게 잘 보여서 겨우 2세 황제를 알현하고 여산능(廬山陵) 조성 공사에 동원되었던 죄수 20만 명에게 대사령(大赦令)을 내리게 하여서 그들을 토벌군의 주력으로 삼았다.

무인의 집안에서 태어난 장함은 지혜로운 장군이었다.

장함과 그의 진병(秦兵)이 가는 곳마다 오합지졸인 반란군은 궤멸되곤 했었다.

핵심부의 부패와 내부로부터의 모순 때문에 해체되어 가는 나라에서 조국의 운명이 그의 양어깨 위에 있었으니 무너져가는 나라가 한 사람의 충성심으로 버티고 있었다.

연전연승을 하고 있는 장함의 군대와 떠오르는 태양 같은 기세의 항우의 군대와의 일전은 불가피한 것이었다.

정부군과 반란군의 대회전이 벌어진 거록(鋸鹿)의 일전에서 장함은 항우의 기세를 꺾지 못하고 일패도지하였으며 함양으로 부장(副將)을 보내 패전을 알리고 병력을 청하려고 하였다.

그러나 패전의 책임을 두려워한 조고의 농간으로 부장인 사마흔(司馬欣)은 2세 황제를 만나지 못했고 오히려 조고의 하수인에 의하여 죽임을 당할 위기에 처하자 장함의 본진으로 도주하는 수밖에 없었다.

나라에 충성을 바치고자 했으나 그럴수록 죽음에 가까워지는 것이 백기(白起)와 몽염(蒙恬) 이래 진나라 장군의 공통된 운명이었다.

항우의 막료 중에는 진여(陳余)라는 자가 있어 항우를 위하여 장함에게 투항을 권하는 서신을 썼는데 진을 위하여 싸울수록 조고가 거느리는 조정 내에서의 죄가 무거워지는 장함으로서는 휘하에 거느리고 있는 10만 이상의 진병의 생명을 위하여서라도 항우에게 투항하는 길 말고는 다른 방법이 없었다.

초군에 속하는 다른 부대인 유방(劉邦)의 군대가 관중에 차츰 가까워지자 조고는 은밀히 유방에게 사람을 보내서 관중을 양분하여 다스리자는 제의까지도 해 보지만 관중 점령을 눈앞에 둔 유방은 이를 상대하지 않는다.

이때는 조고가 궁정에서 난을 일으켜 2세 황제 호해를 살해한 직후였다.

그러나 조고는 차기 황제, 아니 왕(전국시대의 6국이 되살아나서 함양을 향해서 쳐들어오는 마당에 황제라는 말은 의미가 없어졌으므로 다른 나라들과 동열에 서서 스스로를 진왕으로 낮추었다.)으로 옹립하려던 자영(子嬰, 호해의 형의 아들)에게 살해당함으로써 치졸한 막장극은 참변으로 끝을 맺는다.

한편 거록의 싸움에서 포로가 된 진병 10만과 장함이 항우에게 항복하면서 데리고 간 10만 도합 20만의 진병은 무장해제되고 초군에 편입되어 황토지대의 단애(斷崖) 가까운 곳에 숙영하고 있었는데 이들의 반란을 두려워한 항우의 막료들의 건의에 의하여 칠흑 같은 밤중에 3면에서 공격을 받아 절벽으로 떨어졌다.

이튿날 장함이 그들의 생명을 위하여 투항했다는 핑계로 삼았던 진의 20만 대군은 지상에서 자취를 감추었다.

항우가 관중에 들어가고 나서 스스로를 패왕(霸王)이라 일컫고 장함은 함양과 관중을 봉토로 하는 옹왕(雍王)으로 봉해졌으나 이후의 인생에서 그는 알맹이가 빠져나간 헛개비 같은 삶을 살았고 끝내는 유방의 신하인 한신(韓信)에게 죽임을 당한다.

그는 생전에 '나만큼 진에 충성을 다한 자가 또 있을까?' 하고 사람들에게 말하곤 했다.

그의 전반생은 그의 말 그대로였다.

그러나 그의 후반생은 충성이라는 것이 과연 무엇인가를 생각하게 하는 소재가 되었다.

생각하는 사람, 호모 사피엔스가 만들어 놓은 개념일 수밖에 없는 충성과 배신 같은 가치들은 생존 자체가 위협받는 난세에는 의미를 잃는 것일까?

요한계시록에는 '죽도록 충성하라, 그리하면 생명의 면류관을 네게 주리라'라는 구절이 있어서 올바른 가치에 천착하여 죽어도 물러서지 말 것을 당부하고 있으니 이 시대에 있어서 충성의 참된 의미를 다시 한번 생각하게 한다.

〈참고문헌〉

* 복거일 씨의 시평 '배신의 정치'에서 논지를 가져옴.

** 박근혜대통령 언론사 기자와의 대담에서 일부 인용함.

*** 조선일보 4월 18일자 '최보식이 만난 사람'에서 일부 인용함.

2016. 5.

5

은혜의 시대

임프린팅과 좋은 생각

1.

스티븐 스필버그의 영화라면 무조건 좋아하던 시절이 있었다.

그의 영화 중에 「쥬라기공원」은 집의 아이들이 어렸을 때 같이 본 것으로 기억한다. 지질시대의 나무의 수지(樹脂)가 굳어서 형성된 호박(琥珀) 속에는 희귀하게 모기가 갇혀 있는 경우가 있는데, 거부인 사업가가 생명공학자들을 동원하여 호박 속의 모기가 빨아먹던 핏속에 있는 미량의 공룡의 DNA를 추출한 다음, 같은 파충류인 개구리의 유전자와 결합시켜 공룡의 알을 만들어 내고, 이것을 부화시켜서 공룡을 재생해 내어 공룡들이 뛰노는 대규모 놀이공원을 적도 부근의 코스타리카의 서해안의 한 섬에 조성했는데(물론 영리적인 목적으로), 공룡학자와 고식물학자 일행이 헬기를 타고 이곳으로 날아가는 장면으로부터 이 영화는 시작된다.

공룡을 전문으로 연구하는 박사는 화석으로만 보던 공룡들이, 그것도 여러 종류가 눈앞의 초원에서 뛰어 노는 것을 보고 경악을 금치 못한다. 이어서 일행은 실험실로 안내되는데 놀이공원을 만든 부호가 공룡의 알이 부화하는 것을 바라보면서 흐뭇해하는 장면이 나온다. 파충류나 조류 같은 하등의 척추동물은 알에서 부화하는 순간에 눈에 보이는 것을 본능적으로 어미로 인식하는 경향이 있는데, 그것이 동물이든 아니든 간에 움직이는 것이면 그것을 따르는 본능이 있고, 자연 상태라면 알에서 갓 깨어난 새의 지근거리에서 움직이는 것은 그 동물의 어미인 경우가 대부분이므로 그것을 어미로 인식한다는 것이다.

이러한 동물의 본능적인 경향을 각인(刻印, imprinting)이라고 하는데, 영화 속에서 부자 사업가는 자신을 공룡들에게 어미로 각인시킬 요량으로 공룡들이 알에서 부화하는 시간마다 껍질을 이제 막 벗은 아기 공룡을 귀여워해 주는 것이다. 이것은 앞으로 공룡들이 자라서 본인한테 위해가 되지 않도록 사전 조치를 취하는 것이기도 했다.

2.

오스트리아의 동물학자인 콘라드 로렌츠(Konrad Lorenz)는 알에서 갓 깨어난 오리 새끼들이 처음으로 마주치는 물체를 그들의 어미로 인식하는 현상을 발견하고, 그 자신이 실제로 강(江)에서 오리 새끼들에게 어미로 각인되어 가면서 연구를 진행했는데, 다른 사람이 오리 새끼들에게 위해를 가하면 이들은 놀라면서 로렌츠에게로 피하곤 했었다.

오리 새끼들이나 병아리들에 있어서 각인의 효과는 부화하고 나서

약 30시간이 지나면 소멸된다고 한다. 학자들의 연구 결과 이러한 현상은 조류의 뇌의 한 부분의 성장과 깊은 관계가 있다고 한다. 이와 비슷한 현상은 포유류인 개에게서도 볼 수 있는데 진돗개의 강아지는 한 번 길들여진 주인 이외에는 친해지기가 어려워서 군견으로는 잘 사용하지 않는다고 하는데, 친해진 병사가 제대하고 나면 후임자와는 친해지기가 어려운 것이 그 이유라고 한다.

인간의 언어발달에 있어서도 이에 상응하는 일이 일어나는데, 인간의 두뇌 중에서 언어와 관련된 부분의 성장이 이루어지는 기간, 곧 결정적 시기(critical period)라는 것이 있어서 2세에서 12세 사이의 기간이 지나서 사춘기로 접어들면 학습이라는 자극이 가해져도 언어 습득이 어렵다고 한다. 외국어 학습도 이 시기에 하는 것이 가장 효과적이라서 이 기간이 지나면 네이티브 스피커와 같은 수준의 외국어 구사는 불가능하다는 사실은 조기 유학의 과학적 근거를 제공하고 있다.

이렇게 공부도 때가 있듯이 인생살이의 모든 것은 적합한 때가 있어서 그 시기를 놓치면 노력만 많이 들고 효과는 적게 나타나는 고비용 저효율 시스템으로 가는 것의 근본은, 과학이 발전함에 따라서 유전자에 원인이 있다는 것이 밝혀지고 있다.

3.

해가 바뀌면서 혹한에 폭설이 겹치니 외출도 자유롭지 않아서 집에 틀어박혀서 책 한 권을 읽었는데 말콤 글래드웰(Malcolm Gladwell)의 『블링크(Blink)』라는 책이다.

사회 속에서의 인간의 행동양식을 연구함으로써 인간의 본성을 탐구하고 있는 이 책에서는 인간을 대상으로 해서 행한 다양한 실험을 소개하고 있는데 그중 한 인상적인 예를 들면, 대학생들을 두 군(群)으로 나누고 A군에게는 여러 단어 중에 '공격적으로(agressively)', '대담한(bold)', '무례한(rude)', '어지럽히다(disturb)', '강요하다(intrude)', '침해하다(infringe)' 같은 부정적인 의미를 지닌 단어들을 섞어 놓은 것을 읽게 했고, B군에게는 '존경하다(respect)', '사려깊은(considerate)', '감사하다(appreciate)', '참을성있게(patiently)', '양보하다(yield)', '공손한(polite)', '예의바른(courteous)' 같은 긍정적인 단어를 읽게 했다.

그 후에 문장 테스트를 마친 대학생들을 한 명씩 복도를 지나가게 했는데 복도의 끝에서는 다른 두 사람으로 하여금 이야기를 나누고 있게 했다. A군의 학생들은 평균 5분 후에 그들의 대화에 끼어들었으나, B군의 학생들은 82%가 대화를 전혀 방해하지 않았다고 한다.

지금은 '예비군 끝나면 인생의 낙도 끝난다'는 낙 없는 시절을 살고 있지만 예비군에 가던 시절에는 의무적으로 예비군에 나가는 일이 무던히도 싫었다. 무더운 강당에 몇 시간 동안 앉아서 재미 하나 없는 정신 훈화를 듣게 하는데 중간의 휴식 시간에 하는 행동들을 보면 가관이었다. 사회에서는 넥타이 매고 점잖은 사람들이 일단 예비군복을 입으니 아무 데나 침을 뱉고 담배꽁초를 발로 비벼 끄는 것은 기본이고 땅바닥에 가래침을 뱉는 것도 서슴지 않는다.

따라서 대화의 내용도 예비군복에 걸맞은 수준으로 추락하고 귀가하는 길에는 삼삼오오 시장바닥의 막걸리집으로 직행하기 마련이다. 인간은 본대로 들은 대로 행동하기 마련이며 이러한 일련의 실험들은 우리가 자유의지라고 생각하는 것의 대부분은 착각이라는 것을 암시하고 있고, 환경이라는 조건에 대하여 민감하게 반응하는 하드웨어가 사람의 내부에 있어서, 인생의 대부분은 우리가 의식하지 못하는 가운데 유전적인 자동조종장치에 의하여 움직여지는 것이라고 볼 수도 있겠다.

경상도 사람이 어렸을 때 배운 억양을 일생 동안 바꾸지 못하는 것, 특정한 음식에 대한 기호, 특정한 대상에게 친밀감을 가지게 되는 것이나 길들여지는 것, 개인이나 국가에 충성을 바치는 행위, 정인에게 죽고 못 사는 순애보적인 행위, 은혜나 원한을 뼈에 아로새겨 잊지 않는 것(刻骨難忘)들도 후천적으로 사회적으로 습득한 것이 아니라 무의식 속에서 작용하는 무엇에 의하여 발현되는 것이라고 보이고, 생물학적으로는 우리의 유전자에 새겨져 있는 것이라는 추론이 가능하다.

4.

그러므로 긍정적인 자극으로 결정적인 시기(critical period)에 임프린팅시키는 것이 인생에서 더 없이 중요하다는 결론에 이르게 되는데, 선철들은 그들의 통시대적인 통찰력으로 눈앞의 일에만 목숨을 걸고 일희일비하는 어리석은 중생에게 훈계하고 있다.

공자는, 한 해의 계획은 봄에(어떻게 하느냐에 달려) 있고, 하루의 계획은 인시(寅時)에 달려 있으며, 일생의 계획은 어렸을 때에 달려 있다고 했는데(一年之計 在於春, 一日之計 在於寅, 一生之計 在於幼), 인시는 새벽 3시에서 5시까지를 말하는 것이니 금년에는 일단 일찍 일어남으로써 결정적인 시기를 놓치지 말고 볼 일이다.

바울은 에베소의 옥중에서 빌립비 교회에 보내는 편지를 통하여, "형제 여러분, 끝으로 여러분에게 당부합니다. 여러분은 무엇이든지 참된 것과 고상한 것과 옳은 것과 순결한 것과 사랑스러운 것과 영예로운 것과 덕스럽고 칭찬할 만한 것들을 마음속에 품으십시오."(신약성서, 빌립보서 4:8)라고 했으니 긍정적인 좋은 생각으로 끊임없이 각인시키다 보면 평화가 있을 것이라고 말하고 있는 것이 된다.

2010. 1.

시대와의 부조화

스포츠를 즐겨 하지는 않으나 중요한 경기가 있으면 남들 하는 대로 중계방송을 보는 것을 잊지 않는다.

대학 시절 무하마드 알리나 홍수환의 권투시합이 있으면 학교 앞 다방의 주인들은 이때를 놓치지 않고 한 몫 보려고 텔레비전 앞에 의자를 빽빽하게 배치해 놓곤 했었는데, 나는 주머니를 털어 커피값을 마련해서 입추의 여지가 없이 앉아 있는 손님들 속에 섞여서 손에 땀을 쥐고 구경을 하곤 했었다. 외국에서 하는 축구 시합 같은 경우는 시차 때문에 한국에서는 한밤중인 경우도 있어서 새벽 3시에 알람시계를 맞춰 놓았다가 자다가 일어나서 본 경우도 있었다.

내가 응원하는 선수나 팀이 원하는 대로 우세한 기량으로 상대방을 압도하고 승리하면 커피값이 아깝지 않았고, 잠을 설쳐가며 한밤중에 일어나 앉아 있는 보람이 있었으나, 어떤 경기를 보면 내가 응원하는 팀의 게임이 이상하게도 풀리지가 않아서 애를 태우는 경우도 적지 않았다. 실력만 따지면 오히려 상대 팀보다 나은데, 팀에 소속된 선수 한 명이 뜻하지 않은 실수를 하거나, 중요한 순간에 팀의 구성원 사이의 사인이 맞지 않아서, 혹은 경기의 흐름의 분위기에 있어서 분수령이 되는 결정적 순간에 주심의 편파적인 판정 때문 등으로 이길 듯 이길 듯하다가도 승기(勝機)를 놓치고 분루(憤淚)를 삼키고 마는 것이다.

이렇게 게임이 풀리지 않을 경우, 그 팀을 응원하는 입장에서는 경기가 끝나가는 시간이 다 되었는데도 게임을 아직 제대로 시작도 해보지를 못했다는 느낌이 들었다. 1점 차이로 패하고 있는 축구 시합에서 한 골을 만회하는 듯하더니 주심의 애매모호한 오프사이드가 선언되어 골이 무효화되고, 이어서 어떻게 어떻게 해서 겨우 기회를 잡아서 슈팅한 것이 프런트 바에 맞고 튀어 나오고 말더니 타임아웃의 휘슬이 울리더라는 식이다.

전반 45분 후반 45분 동안에 볼 점유율이 더 높고 슈팅이 많아서 우세한 경기를 운영했다고 한들 천금 같은 골 한 방이 없어서 무릎을 꿇고 만다.

소설보다도 더 드라마틱하고 스포츠보다도 더 치열한 사람의 일생에 있어서도 비슷한 경우가 많다는 것을 이루 말로 다해서 무엇할 것인가?

월드컵에서도 승리에 승리를 거듭하여 결승에 오르는 두 팀보다는 훨씬 더 많은 팀들이 폐회식에도 참석하지 못하고 먼저 조국으로 돌아가는 비행기표를 끊어야만 하듯이, 많은 이들이 인생의 초입인 대학 입시에서부터 탈락하여서 빛나는 인생의 장밋빛 그림을 먹을 듬뿍 묻힌 두꺼운 붓으로 무깨버리는 것을 시작으로 하여, 그 수많은 탈락과 낙오의 불행한 사연은 인간의 역사를 통하여 끊임없이 반복될 수밖에 없는 것인가?

조상들의 삶의 기록 속에서도 이러한 현상은 쉽게 찾아볼 수 있으니, 명문가의 자제로 태어난 천재였으나 시대를 앞서간 파격적인 언행으로 '천지간의 괴물'이라는 소리를 들어가며 형장의 이슬로 사라진 허균(許筠)은 어떠하며, 조부가 홍경래(洪景來)의 난 중에 역도에게 항복해 버린 사실도 모르고 과거(科擧)에서 조부를 비판한 내용의 시제(詩題)로 급제하자 이름을 버리고 평생을 삿갓에 죽장망혜(竹杖芒鞋)로 떠도는 영혼이 되어 버린 김병연(金炳淵)은 또한 어떠한가?

찬바람 불어오는 스산한 초겨울 날씨에 마음도 심란하던 중, 책 한 권을 손에 잡게 되니 『선비답게 산다는 것』이라는 조선시대 후기 선비들의 삶과 글을 모아 놓은 책이다. 책장을 넘겨 가던 중 남종현(南鍾鉉, 1783~1840)이라는, 과문한 탓인지는 몰라도 이름이 생소한 한 선비의 자찬묘지명(自撰墓誌銘)이 인상적이었는데, 그의 생몰 연대를 살펴보니 정조 2년에 태어나서 헌종 6년에 몰(歿)한 것이 된다. 남종현은 진사시(進士試)에 합격하였으나 경제적으로나 사회적으로 한미(寒微)한 존재임을 면치 못했으며 서당의 선생으로 근근이 생계를 유지하였다고 한다. 그의 집은 서대문 근처의 성벽에 붙어 있었다고 하는데 이는 지금의 적십자병원 근처라고 한다.

그가 말년을 숨 쉬었던 헌종(憲宗)년간에는 천주교도의 학살사건

(1841, 己亥邪獄)이 있었고 삼정(三政)의 문란이 극심한 지경에 이르렀다. 강화도령 철종의 직전 임금되는 헌종은 8세에 즉위하여 15년간을 재위했었는데 그중 어머니인 순원왕후 안동김씨가 수렴청정을 한 기간이 7년간이었다. 계몽군주였던 영·정조(英正祖)의 자강 노력도 정조의 요절로 무위로 끝나고, 순조와 헌종 등 어린 임금들의 즉위는 안동김씨 대왕대비들의 수렴청정으로 이어져 왕권은 약화되고 오백년 나이의 늙은 조선은 풍양조씨와 안동김씨 척족 세력의 정권 쟁탈의 각축장으로 변해가고 있었다.

1840년은 아편전쟁이 시작된 해이니 서세동점(西歲東漸)의 시대도 다가오고 있었다.

내우외환으로 말미암아 침몰해 가는 일엽편주와 같은 조선에서 '선비답게 산다는 것'은 과연 무엇이었던가?

묘지명(墓誌銘)은 묘지(墓誌)*에 새긴 글을 말하는데, 이는 묘 앞에 세워 놓은 비석과는 달리 비바람이나 풍화작용을 피하기 위하여 망자의 공덕을 칭송하는 글을 돌이나 도자기판에 새겨서 봉분의 인근에 묻어 두는 것을 말한다.

따라서 자찬묘지명이란 자기의 일생을 스스로 평가하는 글이 되는 것이니 특별한 글이 아닐 수 없다.

모년 모월 모일 남종현이 병들어 죽게 되자, 관도 쓰지 말고, 옷가지도 넣지 말며, 묏자리를 가리지도 말고, 봉분을 꾸미지도 말며, 묘지명을 장만하여 넣지도 말라고 분부하였다.

그 대신에 스스로 종잇조각에다 사연을 써서 시체를 묻은 구덩이에 집어넣게 하였으니 그 글은 이러하다.

종현은 자가 현여(玄汝)로, 계묘년 2월 22일에 태어났다. 어려서부터 몹시 아둔한 데다 병치레가 잦았다.

장성해서도 인사(人事)를 알지 못하기는 마찬가지였다. 독서하고 글 지을 줄은 알았으나 문장의 도는 알지 못했다. 나이 15, 16세부터 과거 문장을 공부하여 시험장 문을 두드렸으나 합격하지는 못했다. 고문(古文)을 삼십년 동안이나 익혔으나 문장 또한 수준에 이르지 못했다. 그가 늘 하는 말은 이랬다.

"매사에 최선을 다한다는 것은 요순 임금조차도 하기 어렵고, 타고난 지능과 재능은 안회(顔回)와 도척(盜跖)이 똑같다. 좋은 시기를 만나야 제 뜻을 펴는 우연은 성현이라도 면할 수 없고 생각을 잘하고 못하기는 바보나 현자가 마찬가지다."

"악인을 보면 같은 나라에 더불어 살려고 하지 않고, 의리를 지키는 자는 죽음을 맹세코 배반하지 않는다."

그는 먼 옛일이 아니면 입을 열지 않고, 먼 옛말이 아니면 글을 쓰지 않았다. 권세를 가진 자에게 아첨할 줄 모르고 궁하게 지내도 변치 않았다. 천지 가운데 나 같은 자 하나 없을 수 없겠는가?

말을 꺼내면 반드시 기휘(忌諱)에 저촉되고, 행동을 하면 반드시 풍속과 어긋났다. 제 성질대로 살기 때문에 집안사람조차 가까이하지 않고, 저 혼자 행동하기 때문에 친구들도 나를 버렸다. 문장을 일삼으면서 되먹지 않은 글쟁이로 지목 당하는 것을 감히 사양하지 않았다. 천한 주제에 귀한 자를 섬기지 않으므로 버릇없는 사람이라 비난 당하는 벌을 피할 길이 없다.

그러니 천지 사이에 나 같은 자가 있어서야 되겠는가?

아! 나 같은 자가 있는 것은 오십 년에 불과한 반면, 나 같은 자가 없는 것은 장차 몇천만 년에 이를 것이다. 도리를 지킨 옛사람들은 잠깐의 시간에도 무궁한 세월 동안 누릴 명성을 이루었지만, 지금 종현은 오십 년 동안의 세월을 보내고도 오십 년이 지난 뒤 몇 시간 몇 달 동안의 명성을 누릴 행위도 하지 못한 채 끝내 사라지는구나! 슬프도다!

아내는 허씨로 양천(陽川)이 본관이며 지평(持平)을 지낸 간(暕)의 딸이다.

아들은 두지 못했다.

명(銘)을 짓는다.

말은 남들이 하지 않는 것만을 했고,
행동은 남들이 하지 않는 것만을 했으며,
장례는 남들이 하지 않는 방식만을 택했다.
남들이 그의 어짊을 말하지 않으므로
내 알겠다, 그의 어리석음을.

*묘지(墓誌)에는 보통 망자의 자랑스러운 가계(家系), 벼슬, 공적 등 후대에 자랑이 될 만한 것을 기록하기 마련인데 자신의 일생을 '나 같은 자가 있는 것은 오십년에 불과한 반면, 나 같은 자가 없는 것은 장차 몇천만 년에 이를 것이다.'라고 솔직하다 못해 자학적(自虐的)으로까지 기술한 것은 서울의 소시민적 지식인으로 일생을 보낸 무명의 선비가, 뜻대로 되지 않는 세상에 대해서 '너무 그러지 말라'고 투정을 부리고 있다는 느낌을 줍니다.

또 50대의 마지막 시기를 보내고 있는 한 사람으로서 남종현의 글로부터 자유로울 사람은 누구일까라는 생각도 해 봅니다.

같은 책에 눌재(訥齋)라는 분의 자명(自銘)이 실려 있는데 일독의 가치가 있다고 생각되어 인용합니다.

재주도 없고
덕도 없는
보통 사람에 불과하고

살아선 벼슬이 없고
죽어서는 명예가 없는
보통 넋에 불과하다

시름도 즐거움도 사라지고
헐뜯음도 칭송도 그친 지금
그저 흙덩이에 불과하구나

旣無才 又無德 人而已
生無爵 死無名 魂而已
憂樂空 毁譽息 土而已

2009. 12.

문자의 공(功)

얼마 전 당대의 고승이며 수필가인 법정 선사가 입적하였다.

그가 샘터 잡지에 쓴 글을 가끔 읽던 것이 오래되지 않은 일 같은데 그의 유체를 다비장(茶毘葬)에 붙인다는 소리를 듣게 되니 세월은 가고 인생은 나이를 먹어가기 마련이라는 것을 새삼 느끼게 된다. 법정 스님의 단행본을 읽어보지는 않았으나 그는 『무소유』를 비롯하여 여러 권의 책을 썼고 독자의 층 또한 만만치 않게 두터운 모양이다. 그는 세상을 떠나면서, 말로 진 빚을 다음 세상에 가지고 가고 싶지 않으니 자신의 이름으로 된 출판물을 더 이상 출판하지 말아 달라는 내용의 인상적인 유언을 남겼다. 언어 이전의 깨달음을 추구하는, 불립문자(不立文字)의 정신을 이어오는 선불교에 속하는 선승이라는 차원에서 그의 언어무용론적인 유언을 이해할 수도 있겠다.

우리 인간이란 잠시도 쉬지 않고 무엇인가 생각을 하고 있는 동물이고, 생각이 음성으로 되어 나오는 것이 말이고, 그것을 유형의 것으로 바꾼 것이 글이다. 머릿속에 있는 생각을 말로 옮길 때는 의도적이든 의도적이지 않든 본래의 모습과 완전히 똑같이 할 수는 없을 것이고, 생각이나 말을 문자(文字)로 옮길 적에는 원형과 더 큰 차이가 있을 수밖에 없을 것이다.

오스트리아의 언어철학자인 비트겐슈타인은 '언어는 생각의 집'이라는 명언을 남겼는데, 인간이란 결국 이렇게 불확실하고도 불완전한 언어라는 수단에 의존하여서만 자신의 생각을 표현하고 세상과 교통할 수밖에 없는, 어떻게 보면 딱한 동물인 것이다.

법정 스님은 살아생전 그의 양대 과업이었던, 궁극적인 깨달음을 향한 수행(修行)과, 글쓰기(위선적일 수도 있는) 사이의 위험한 간극을 누구보다도 절감하고 있었을 것이고, 그의 이러한 인식이 독특한 유언으로 나타나지 않았나 싶다.

중종반정으로 폐위된 연산군은 다른 차원에서 언어의 무용론을 주장하고 이것을 과감하게도 실천에 옮긴 임금이다. 연산군의 어머니인 제헌왕후(齊獻王后) 윤씨는 연산군이 3세일 때에 서인으로 폐출되었고 그가 6세일 때에 사사(賜死)되었다. 연산군은 부왕(父王)인 성종이 33세로 요절하지 않았더라면 왕위에 오르지 못했을 것이라는 설이 있을 정도로 정적이 득시글거리는 가운데 즉위하였고, 유아 시기에 어머니가 참혹하게 살해된 것은 그의 인격 형성에 말할 수 없이 나쁜 영향을 미쳤을 것이다. 18세에 즉위하여 반정이 일어나는 30세에 이르기까지 연산군이 재위한 12년간은 무오(戊午)와 갑자(甲子)의 양대 사화로 얼룩진 혼돈의 시기였고, 넘쳐나는 간언과 상소와 참소(讒訴)

에 염증을 느낀 나머지 그의 독재체제가 굳어진 재위 말년에는 대신들의 목에 다음과 같은 글이 써져 있는, 신언패(愼言牌)라는 것을 걸어주기에 이른다.

口是禍之門
舌是斬身刀
閉口深藏舌
安身處處牢

입은 화를 부르는 문이요,
혀는 몸을 베는 칼이다.
입을 다물어라 혀를 깊이 숨겨라.
몸을 편하게 하라 곳곳에 뇌옥이 있다.

지금 읽어 보아도 사람의 입을 다물게 하는 데는 이보다 더 효과적인 경구(警句)도 없겠다는 생각이 드는 살벌한 글이다. 연산군의 재위 중에 일어난 두 번째 사화는 어머니의 신원(伸寃)을 명분으로 하였지만 내용적으로는 훈구대신들과 사림파 선비들 사이의 정국 주도권 쟁탈전인 갑자사화(甲子士禍)이다.

갑자사화에 연루된 홍언충(洪彦忠)은 혹독한 고문을 받고 피투성이가 된 채 옥문 앞에 널브러져 있었는데, 오늘날까지도 이름난 간신으로 알려져 있는 김안로(金安老)가 이 모습을 보고 혀를 차며 “참혹하도다”라고 말하니 홍언충은, “홍문관(弘文館) 물이 묻어서 그러네”라고 답한다. 이에 김안로는, “차라리 지혜를 죽이고 학식도 몽매해져서 옳고 그름과 좋고 나쁨을 가리지 못하는 지경이 되는 것이 낫지 않겠는가?"라고 말한다.

결국 홍언충은 지금의 청송군에 있는 진보(眞寶)로 귀양을 가게 되는데 유형지에서 사사(賜死)될 것을 예감하고 자신의 묘비명을 써 놓았다. 그는 죽음의 일보 직전에서 중종반정으로 말미암아 목숨을 건지게 되는데, 그 묘비명이 지금도 남아 있고 문장이 명문이라서 일독의 가치가 충분하다고 판단되어 이 자리에 옮겨 적는다.

> 대명천하 햇빛이 비치는 나라에서 태어나니 성은 홍이요 이름은 언충이며 자(字)는 직(直)이라.
>
> 반평생에 우활(迂闊)하고 옹졸(雍卒)함은 문자의 공(功)이라.
>
> 32세에 세상을 마치니 명(命)은 어찌 그리도 짧으며 뜻은 어찌 그리도 긴고.
>
> 옛 고을 무림(茂林)에 무덤을 정하니 푸른 산은 위에 있고 물굽이는 아래에 있도다.
>
> 천추(千秋)의 후에 이 들판을 지나는 자 있어 이곳을 배회하며 슬퍼할 것이다.

우활하다는 것은 사리에 어둡고 세상 물정을 잘 모른다는 뜻이니 옛날의 선비나 오늘의 지식인이나 먹물 묻은 자들이 가지고 있는 공통점이라 하겠다. 이들은 글줄을 통하여 배우고 익힌 바대로만 세상을 재단하려 하는 경향이 있으므로 홍진 가득한 세상으로부터 이해를 받지 못하는 것은 거의 필연적인 일이다. 이에 따라 몸은 고되고 이름은 오욕에 젖게 되지만, 후세에 알아줄 사람이 있을 것이라 믿는 것으로서 헛된 위안을 삼는다.

이렇듯 말과 글이라는 것은 양날 달린 칼과도 같은 것으로서, 세상을 벨 수 있으나 자기 자신을 벨 수도 있는 것이다. 앞서 말한 대로 본질적인 약점이 있는 언어로서 의도는 어떻든 결과적으로 세상을 속이게 되고 자기 자신도 그것을 진리로 믿게 되면, 결국은 스스로를 속이게 되고 참된 깨달음과는 멀어지게 되니 그야말로 '문자의 업'이 아닐 수 없다.

모름지기 말이란 거짓말일 수 있고, 글이란 속임수 글일 수도 있는 것이다.

세상에 여러 종류의 죄가 많으나 어느 사회에서나 말과 글에 의한 죄를 가장 큰 것으로 취급하는 것은 말과 글이 인간의 핵심인 정신에 영향을 주고 많은 이들에게 파급될 수 있기 때문이다. 어느 시대에나 필화(筆禍)가 있었고 그 사회의 통합을 유지하는데 해악을 끼치는 생각을 좌도(左道)라고 했으며, 이런 생각을 가진 이를 사문난적(斯文亂賊)이라고 해서 극형으로 다스렸다.

언어라는 것은 결국 수단이지 본질은 아니다.

그러므로 언어를 의사전달의 수단으로 삼는 누구에게 있어서나 세상에서 이해되지 못한 부분이 있게 마련이다.

산은 산이요 물은 물이듯, 말은 말(이상도 이하도 아닌)이요 글은 글일 뿐이다.

그래서 가장 완벽에 가까운 의사전달 방법은 침묵이라는 역설적인 결론에 이르게 되는 것일까?

창밖에 황사바람 가득한 토요일 오후, 고교 시절 독일어 시간에 배운 격언 하나를 되뇌어 본다.

Reden ist Silber, Schweigen ist Gold.

2010. 3.

원자탄이 떨어진 땅에서 살아가기

지난봄 일본의 동북지방에서 발생한 쓰나미와 지진으로 후쿠시마 원자력발전소의 원자로가 폭발하였다.

방사능이 대량으로 누출되고 있는 이 사건은 재앙의 핵심인 원자로가 언제 어떻게 될 것인지를 알 수 없는 현재진행형의 재앙이기도 하다.

우리 한국 국민은 일본에 대하여 역사적으로 섭섭한 것이 많지만 어려움에 처해 있는 이웃 나라에 대하여 옛 원한을 따지지 아니하고 앞장서서 도와주는 성숙한 모습을 보였다.

일본이 원전사고로 일대 재앙에 빠져있는 것을 보면서 역사상 최초로 원자폭탄이 투하된 곳도 일본이라는 것을 생각하게 된다.

우연한 기회에 『묵주알』이라는 문고본 책을 읽어보았다. 이 책은 가톨릭 계통의 출판사에서 나온 조그만 책이다.

책꽂이를 정리하여 필요 없는 책을 버리는 작업을 하던 중에 10여 년 전에 앞부분을 조금 읽다가 만 기억이 나서 다시 한번 읽어 보게 된 것이었다.

볼 때마다 다른 느낌과 깨달음을 가지게 되는 책이 좋은 책이란 말이 상기되는 책이었다.

1945년 8월 9일 나가사키와 히로시마에 투하된 원자폭탄은 결사항전의 의지를 불태우던 일본의 무릎을 꿇게 함으로써 태평양전쟁의 종전을 조기에 이루어지게 했다.

나가사키 원폭(1945. 8. 9)

당시 나가사키 의과대학의 방사선과 교수였던 나가이 다카시(永井隆)는 그가 연구에 몰두하던 의과대학의 건물이 폭심(爆心)에서 떨어져 있어 죽음은 면할 수 있었나.

그는 우선적으로 학생 사상자 처리에 매달릴 수밖에 없었는데 사흘 만에 집에 들어갔을 때 자기가 살던 마을 전체가 재의 벌판으로 바뀌어 버린 것을 목도한다.

부엌 뒤쪽에서 검정색 덩어리가 보였는데 이것이 아내의 타다 남은 골반(骨盤)과 요추(腰椎)였다. 그 옆에는 십자가가 달린 묵주(默珠)가 남아 있었다. 그는 타다가 남은 아내를 바케스에 주워 담고서 가슴에 안고 묘지로 간다.

아내의 뼈를 묻은 그는 피난을 가 있는 어린 것들을 찾아 처갓집으로 갔다. 판자문을 열고 토방으로 올라서니 마침 거기에는 그의 어린 두 자녀 세이이찌와 가야노가 매미를 잡아다가 울리고 있었다.

두 아이는 피투성이가 된 그를 보고 뒷걸음질을 쳤다. 아빠의 얼굴을 물끄러미 쳐다보던 아이들은 이윽고 문간으로 가서 밖을 내다본다. 그러나 그들이 기다리고 있는 모습은 거기에 없었다.

세이이찌의 손에서 매미가 울면서 달아났다. 그때부터 두 어린이는 '엄마'라는 말을 입에 담지 않았다.

불행한 사람은 어느 사이에 그 불행에 익숙해져 불행을 느끼지 않게 된다. 세 식구가 모두 이런 생활에 익숙해져서 세상은 이런 것이려니 하고 생각하며 살아가게 된다. 딸인 가야노는 울지 않는 아이가 되었다.

저녁때는 죽은 사람을 생각하고는 울고 싶어지곤 했는데 가야노는 타버린 황폐한 벌판을 물끄러미 바라보면서 입술을 깨물고 있었다.

벽돌에 걸려 넘어져도 기왓장에 발꿈치가 벗겨져도 잠자코 고사리 같은 손으로 흘러내리는 손으로 흘러내리는 피를 씻을 뿐, 커다란 들개가 쫓아올 때도 새파랗게 질린 채 판잣집으로 달려들어 오면서도 비명 하나 지르지 않았다. 쓸쓸해도 슬퍼도 아파도 무서워도 다만 입술을 깨물고 가만히 참는 아이가 되었다.

달밤에는 시가지였던 곳에 사람들의 뼈가 하얗게 널려 있는 것이 보였고 아이들은 발길에 부딪히는 뼈를 가지고 화장터 놀이를 했다.

귀신이 흐느끼는 소리가 들린다는 소문이 있었으나 폭심지에 쌓여 있는 뼈의 무더기를 스쳐가는 바람이 만들어 내는 소리였다.

'아, 살아 있군요.'가 오랜만에 만난 사람들의 인사였다.

전쟁의 최고 책임자인 천황과 군벌은 남의 나라를 빼앗고 그 국민을 유린하는 만행을 저질렀으나 살아남았고 민초들이 그들의 죄값을 대신하여 몰살을 겪었고 살아남은 자들은 원자병으로 시한부 인생을 살았다.

우리는 일상의 어려움이나 상실에 대하여서도 힘들어하고 슬퍼하는데 우리의 존재 자체에 영향을 미치는 엄청난 재앙에 직면하게 되면 힘들어하고 슬퍼하는 것과는 다른 반응을 보이게 된다.

슬픔이나 괴로움은 문제에 대한 해결책을 만들어 내는 과정에서 생기는 일반적인 정서적 반응이지만 어떤 방법으로도 해결되지 않을 문제에 대하여서 인간은 그것과 공존하는 방법을 모색하게 된다.

만약 처음 왔을 때의 강도로 아픔이 지속된다면 견딜 수 있는 사람은 별로 없을 것이다.

우리의 몸에는 장시간 지속되는 고통에 대하여서는 그것을 덜 느끼게 하는 시스템이 내장되어 있는데 이것은 우리의 몸이 그 문제를 안고서 죽을 수는 없으므로 살아남기 위하여 만들어 내는 생리학적인 방어책이기도 하다.

이 책의 저자는 대학생 시절 유물론자였으나 뇌일혈로 갑작스러운 죽음을 맞이하게 된 어머니가 자신을 바라보던 그 시선을 잊지 못한다.

낳으시고 기르시고 마지막 순간까지 한없이 아들을 사랑하시던 어머니가 영원한 이별의 순간이 왔을 때 말없이 바라보시던 그 눈은 '나는 지금 죽어가지만 이 어미의 영혼은 영원히 네 옆에 머물러 있겠다.'라고 확실히 말씀하신 것으로 각인되었다.

영혼의 존재를 부인하던 그가 이 일을 겪고는 아무 의심도 없이 '어머니의 영혼은 육신을 떠났지만 영원히 없어지지 않는다.'는 것을 직관으로 알게 된다. 이 일을 계기로 하여 유물론에 회의를 가지게 된 저자는 만주사변에 군의관으로 종군하고 나서 귀국한 후 기독교에 입교하게 된다.

이 책에는 핵 피폭으로 삶이 얼마 남지 않은 한 의사의 관점에서 본, 어린 두 자녀를 데리고 원자탄이 떨어진 땅에서 살아가는 자신의 모습과 전쟁 직후의 일본의 모습이 담담하게 그려져 있다.

남양군도에서 살아 돌아온 한 병사는 형체도 없이 사라진 집 앞에서 주저앉으며, 위암에 걸려서 생명이 3개월밖에 남지 않은 남편에게 외아들의 전사 소식을 감추려하는 한 여인은 마음의 이중고로 얼굴이 수척해 가는데 자신이 죽을 운명인 것도 모르는 남편은 오히려 아내를 근심하는 장면이 나오며, 핵이 떨어졌던 땅에 보리가 자라고 재로 뒤덮인 땅에서 고사리가 자라고 깨어진 기와 조각 사이에서 나팔꽃이 피며, 핵에 피폭된 잔디밭에는 잔존방사능 때문에 네잎클로버가 많아졌다.

불행의 밑바닥에서는 행복해질 일밖에 남은 것이 없었다.

아무것도 남아 있지 않은 땅에서 우리는 마음이 가난한 자가 되므로 복이 있다. 슬퍼할 것만 남아 있는 땅에서 우리는 애통해 하는 자가 되므로 복이 있다.

2011. 6.

죽음의 수용소에서

이미 본 것으로 여겼던 책이나 영화를 다시 봤을 때 처음 보는 것으로 생각되는 경우가 더러 있다. 분명히 일독(一讀)했다고 생각한 책인데 다시 그 책을 잡았을 때 그 주인공이나 스토리가 한 번도 보지 않았던 것처럼 생소하다.

같은 현상은 영화에서도 일어나는데 얼마 전 EBS에서 일요일 낮 시간에 「죠스」를 방영하길래 예전에 재미있게 본 것이 생각나서 다시 보게 되었는데 스토리의 상당 부분은 처음 본 것처럼 여겨졌다.

대개 한 번 본 영화나 책에서 이런 일이 일어나는데 이것은 그 당시에 급하게 읽은 책이거나 내용도 이해하지 않고 눈에 비치는 대로 본 영화였을 것이다.

이는 또한 청춘 시절 지나친 음주로 말미암은 뇌세포들의 조기 퇴화에도 원인이 있을 것이다. 희로애락의 모든 정서를 술잔에 실어서 표출했던 시절이었다.

최근 다시 읽은 이 책 『죽음의 수용소에서』는 빅터 프랭클이라는 정신과 의사가 쓴 것인데 악명 높은 유태인 대학살 당시 수용소에서 죽음의 일보 직전에서 살아남은 과정을 기록한 수기이다.

수인(囚人)들이 대열을 지어서 한 명씩 나치 친위대 장교의 앞으로 갔을 때, 나치 장교의 손가락이 왼쪽을 가리키면 가스실로 가고, 오른쪽을 가리키면 작업반으로 가는 것으로 분류되었다.

나치 장교의 손가락이 가리키는 방향에 따라 생사가 결정되는 것이니 수인들은 자기가 조금이라도 건강해 보이도록, 조금이라도 젊어 보여서 쓸모 있는 인원(人員)으로 분류되도록 애를 썼다.

이미 그의 아내와 어머니는 가스실로 가는 것으로 분류되었다. 옆자리에서 노역을 하던 사람이 끌려가서 돌아오지 않았으면 수용소의 굴뚝 위로 올라가는 연기를 바라봤다. 그의 몸이 소각되어서 나온 연기일지도 모르는 것이라고 생각하면서 목숨을 이어나간 자의 글이었다.

혹독한 환경 속에서 추위를 막아줄 옷이나 신발도 없이 거의 맨발로 지냈고 인간으로서의 최소한의 생활에도 미달하는 생필품과 식량 공급 속에서 죽지 않고 살아남은 자의 삶은 살아있는 자와 죽은 자의 중간 그 어디쯤에 있었다.

동료가 죽으면 애도하기에 앞서서 그의 신발과 옷을 누가 가질 것인가에 혈안이 되어서 다투어야만 하는 것이 그들 앞에 놓여진 현실이었다.

이렇게 사는 것에 지쳐서 '나는 인생에서 더이상 기대할 것이 없어요.'라고 말하는 수인에게 죽음의 수용소에서 살아남은 이 정신과 의사는 말한다.

'정말로 중요한 것은 우리가 인생에서 무엇을 얻을 것인가의 문제가 아니라 인생이 우리로부터 무엇을 얻을 것인가?'라는 사실이라는 것을. 인생이란 궁극적으로 문제에 대하여 바른 해답을 찾고 각 개인 앞에 놓여진 과제를 말없이 수행하는 책임을 지는 것이라는 것을.

인생의 의미에는 성취감과 즐거움뿐만이 아니고 궁핍과 고통과 죽음이 포함되어 있는 것이어서 주어진 상황에서 나약해지지 말고 '나'이므로 할 수 있는 일, 내가 아니면 할 수 없는 일을 다할 뿐이다.

사람은 삶과 죽음의 갈림길에 섰을 때 지금까지 살아온 것과는 다른 차원에 들어서게 되며 운명이라고 하는 자의 민낯을 마주하게 된다. 또한 절대자의 그림자를 보게 된다.

이 대목에서 자신 또한 소각장 굴뚝 위로 올라가는 연기로 화할 수도 있는 상황, 시시각각으로 다가오는 죽음 앞에서 저자는 이렇게 기도한다.

이것은 사형이 구형된 죄수가 심판관의 마지막 선고를 앞두고 행하는 최후 진술에 비견할 만하다. 이것은 또한 죽음이 아니면 빠져나갈 수 없는, 인생이라는 수용소에서 노년을 맞이하는 자들의 기도일 수도 있다.

아버지여, 하나님과 산 자와 죽은 자, 친구와 아내가 우리를 보고 있으니 우리가 그들을 실망시키는 자 되지 않도록 하여 주소서. 우리가 의연한 자세로서 시련을 이겨내고 비굴하지 않게 죽도록 도와주소서. 내 앞에 주어지는 고난과 궁핍과 죽음의 쓰디쓴 잔을 피해갈 수 있도록 도와주소서.

그러나 아버지여, 이 잔이 피해갈 수 없는 잔이라면 이 잔을 내가 들음으로써 내가 사랑하는 사람들에게 이 잔이 가지 않도록 하여 주소서.

우리가 헛되게 고난을 겪고 헛되게 죽지 않도록 하여 주소서. 우리가 겪는 이 상황이 피할 수 없는 것이라면 이 상황이 아니라면 할 수 없는 의미 있는 일을 다하도록 우리를 도와주소서.

아버지여, 마침내 우리가 꿈에도 그리던 목표에 도달했을 때, 그를 생각하는 것만이 삶의 이유였던 사랑하는 사람은 이미 죽었고, 텅 빈 폐허만이 우리를 기다리고 있다고 해도 절망하지 않도록 하여 주소서.

우리는 긍휼히 여김을 받고 싶은 피조물일 뿐입니다.

이 모든 시련이 끝난 후 우리가 참으로 두려워할 것은 당신뿐이라는 것을 기억하게 하소서.

끝으로 이 책에 인용되었던 니체의 말 두 마디.

'왜 살아야 하는지를 아는 자는 그 어떤 상황도 견딜 수 있다.'

'나를 죽이지 못하는 것은 나를 강하게 만든다.'

2021. 9.

기타 잇키

의사가 의원을 차려 놓고 환자를 보는 일은 동네에서 구멍가게를 하는 것과도 공통점이 많다.

구멍가게의 경우는 자주는 아니더라도 주인 맘대로 쉴 수 있지만 의원은 아픈 사람들의 문제를 해결해 주겠다고 차려 놓은 것이니 한 명이라도 환자가 찾아오는 한 하루 쉬는 일이 쉽지 않다.

여러 해 전에 필자가 거제도에 있는 모 병원에서 근무하고 있을 때 충남 목천에서 같은 일을 하고 있는 친구가 여름철을 이용하여 찾아온 일이 있었는데 그는 개원한 지 10여 년 만에 처음으로 휴가를 가져 본 것이라고 했다.

역마살이 있는 것인지 개원하고 있는 곳을 그만하고 새로 개원하여 옮긴 일이 몇 번 된다.

한 의원을 그만하고 다른 의원을 새로 시작하기 전의 기간 동안에 시간적인 공백이 있는데 이때 두어 달에서 길게는 대여섯 달을 쉬기도 한다.

그러나 월급 받을 것 다 받아가면서 여행도 다니고 부족한 공부도 하는 대학 교수님들의 안식년 같은 경우에 비교하랴.

이렇게 해서 생긴 무급휴가 기간은 주로 다음에 갈 직장을 알아보는데 사용되고 그 다음으로는 집안의 밀린 잡무를 정리하고 친구들을 만나보는데 쓰인다.

그리고 틈틈이 동네 도서관에 찾아간다.

요즘 신도시의 도서관은 좋다.

직원이 한두 명 일을 보고 있는 로비를 지나서 2층으로 올라가면 내가 자주 찾아가는 자유열람실이 있는데 이름만 알고 있던 책들이 여기저기 눈에 띈다.

자리도 넉넉히 있어서 마음에 드는 책을 골라서 자리 잡고 앉아서 읽으면 그만이다.

그러나 대개는 해야 할 다른 일이 있으므로 도서관에 앉아서 편하게 책을 보지는 못한다.

정말 좋은 것은 아무 책이나 원하는 대로 다섯 권까지 골라서 카운터에 제시하면 2주일까지는 대본료도 없이 무료로 빌려주는 것이다.

나는 책 욕심이 많은 편이라 다 볼 자신이 없으면서도 몇 권씩 빌려가곤 한다.

아무리 인터넷 시대라고 하지만 독서는 종이 책으로 하는 것이 스마트폰이나 넷북으로 읽는 것과는 비교하지 못할 장점을 가지고 있다고 생각한다.

어느 날 살고 있는 아파트 근처의 덕이도서관의 열람실을 거닐고 있던 중 두툼한 책이 하나 눈에 띄는데 제목이 『기타 잇기』였다.

혹시 가운데 '줄' 자가 빠진 게 아닌가 하는 생각이 들면서도 끊어진 기타 줄을 잇는데 필요한 지식을 전수하기 위하여 저렇게 두꺼운 책이 필요하지는 않을 것이라는 것에 생각이 미쳤다.

가까이 가서 보니 '기타 잇키(北一輝)'라는 일본 사람의 이름을 제목으로 한 것이었으며 모 출판사에서 나온 '문제적 인간'이라는 시리즈 중의 한 책이었다.

강청(江靑), 히틀러, 스탈린, 괴링, 로베스피에르, 프로이트 등의 인물이 그 시리즈에 속하는 다른 책들의 이름이었으니 그 이름을 처음으로 듣는 이 일본 사람의 무엇이 자기의 이름을 이들 악명 높거나 이상한 인간들의 문제 많은 이름들과 나란히 하게 했을까 하는 궁금증이 생겼다.

그날 나는 다른 두 책과 함께 이 책을 대출했는데 이 책은 읽다가 졸리면 베개로 사용해도 좋을 만큼 두꺼운 책이었으며 1,200페이지가 넘었다.

저자는 마츠모토 켄이치(松本健一)라는 일본인 문필가로서 30년간에 걸쳐서 200자 원고지 7,000장에 썼다고 하니 일단 그 공력과 분량의 방대함에 압도당한다.

말이 30년이지 40살에 쓰기 시작했다면 70세에 완성했을 것인데 한 사람이 일생을 거쳐서 완성한 책을 읽는 것이 된다.

내 인생과는 아무 관계도 없는 이웃나라 사람의 평전(評傳)을 읽어

볼 생각을 가진 것은 이 두꺼운 책에 도대체 무엇이 써져 있을까 하는 호기심 이외에도 기타 잇키가 현 대통령 박근혜 씨의 부친 박정희 대통령이 1961년 쿠데타를 일으켰을 때 벤치마킹했던 모델이었던 일본의 2·26 쿠데타의 사상적 연원을 제공한 혁명가라는 것이 한 원인이었다.

기타 잇키(1883~1937)는 재일교포를 북송하던 시절 북송선이 출항한 항구인 니이카타(新潟)항의 서북쪽에 있는 큰 섬인 사도(佐渡)섬 태생인데 일본 역사에서는 유배 장소로 알려져 있는 섬이었다.

우리나라에서도 그렇듯이 섬에서 태어난 사람들은 진취적인 경향이 있는데 이에 더하여 사도섬 사람들이 반골 기질이 강한 것은 유배자들의 영향을 받은 것도 그 한 이유가 될 것이다.

그는 약관 24세에 1,000페이지가 넘는 『국체론과 순정사회주의』를 써낸 것을 시작으로 하여 1913년 중국혁명에 참가한 경험에서 쓴 『중국혁명외사』와 『일본개조법안대강』 등 3권의 저서를 냈으며 이 책들은 일본과 동아시아의 사상계에 엄청난 영향력을 미쳤다.

일본은 명치유신(1868) 이래로 천황을 중심으로 근대화를 추진해 가고 있었으며 소위 '대일본제국헌법'은 '제1조 대일본제국은 만세일계의 천황이 통치한다'로 시작되고 있었다.

그는 첫 저서인 『국체론과 순정사회주의』에서 국민은 천황에게 속하지 않을 뿐 아니라, 오히려 천황을 규정할 수 있는 주체가 된다고 하였으며 천황의 특권은 인정하지만 결국 그도 국민의 한 사람이며,

천황이란 의회와 더불어 국가를 위해 봉사하는 하나의 기관에 지나지 않는다고 주장하였다(천황기관론).

'천황의 신민'이 아니라 '국민의 천황'이라는 논리는 '천황국체론'에 정면으로 맞서는 불온한 사상이었으며 그의 책은 출간된지 5일 만에 금서(禁書)가 되었다.

그는 일본의 중국 침략과 조선 병합에 반대하였으며 일본의 동아시아 지배는 다른 세계대전의 시작이 될 것이라고 예언했다.

그는 일본에 망명해 있던 쑹자오런(宋教仁)과 교분이 있었던 바, 신해혁명 직후의 중국에 들어가 10년간 머물면서 중국혁명에 참가했다.

이것은 미국 독립전쟁에 참가했던 프랑스의 혁명가 라파옛트(Lafayette)나 쿠바혁명에 투신했던 체 게바라(Che Guevara), 내전 상태의 스페인에 들어갔던 헤밍웨이 등의 낭만적 혁명가군을 연상케 한다.

신해혁명 이후 쑨원(孫文)은 혁명의 완수를 위하여 휘하에 북양군벌을 거느리고 있는 위안스카이(袁世凱)에게 총통 자리를 넘겨주었다.

야심만만한 위안이 결국 독재로 흐르자 국회의원 선거에서 다수당이 된 국민당은 쑹자오런을 총리로 삼아서 견제할 생각이었으나 그는 북경으로 가는 열차를 타기 전 상해역에서 위안스카이가 보낸 자객에 의하여 암살당하고 만다.

기타 잇키는 중국에 더 있을 수가 없게 되자 귀국하여 또 한 권의 책을 쓰는데 이게 그를 결국 죽음으로 몰고 가는 '일본개조법안대강'이다.

그의 저서의 영향을 받은 위관급 청년 장교들과 사병 1,483명은 1936년 2월 26일 소위 2·26쿠데타를 일으켰다.

사태를 장악하는 데는 성공했으나 히로히토(裕仁) 천황의 토벌 명령을 받아 4일 천하로 끝나고 말았다.

기타 잇키는 주모자들과 직접적인 커넥션이 없었으나 사상적으로 영향력을 미친 죄가 있다고 해서 투옥되고 옥중에서 '도련님에게 투구를 빼앗겨서 진 싸움(若殿に兜とれて敗け戰)'이라는 하이쿠(俳句)를 남긴다.

35세의 소화(昭和) 천황 히로히토를 도련님으로 비유한 것이다.

그에게는 사형이 구형되었으나 그는 법정에서 구형된 대로 판결이 이루어지기를 바란다는 요지의 진술만을 했다.

지시한 것이 없었고 저서의 영향력뿐이었기 때문에 법정에서 공방이 이루어진다면 반드시 불리한 것은 아니었으나 청년장교들이 처형되었다는 소식이 전해지자 그는 부인에게 자신은 '사석(捨石)'으로서의 역할을 하겠다고 하면서 '하나의 사상이 실현되기 위하여서는 그것에 목숨을 바치는 자도 있어야 한다'는 말을 한다.

그는 언제 어디서나 법화경(法華經)을 독경했었다.

중국혁명에 투신했을 때 중국인 동지 탄런펑(潭人鳳, 그의 아들 탄얼쓰(潭貳式)는 탈옥하다가 살해된다)은 병으로 죽기 직전에 두 살짜리 손자를 기타 잇키에게 맡기는데 그는 그 아이를 양자로 삼아서 기른다.

다음은 사형 선고를 받은 후 가족이 면회 왔을 때 부자의 대담이다.

너처럼 불행한 사람도 없다.

저만큼 행복한 놈은 없을 것입니다. (부자가 함께 운다)

너에게 남겨줄 게 아무것도 없다.

다만 법화경 한 권을 남겨두었을 뿐이다.

법화경 끝에 너에게 주는 유언을 적어 놓았으니 이 애비를 만나고 싶을 때는 법화경을 보거라.

3일 후 형무소 한편에서 그의 총살형이 집행된다.

위인이 뚜벅뚜벅 걸어간 발자취를 따라가 보는 것은 홍진 가득한 누항(陋巷)에서 하루하루의 삶을 영위하면서 먹을 것 한 무더기를 놓고 상투잡이를 마다하지 아니하며 행여 먹을 것이 생기면 그날 저녁에는 그걸 획득하는 과정에서 겪은 모욕과 분노를 술잔에 부어 마시고 알코올로 말미암아 둔마(鈍麻)된 정신을 일컬어 스트레스 해소라고 이름 붙이는 것에 습관이 된 소시민적 삶을 성찰하게 하고 우리가 과연 어디에서 출발한 것인지를 스스로에게 다시금 물어보게 한다.

흙을 그러모아 산을 세우고 깊은 웅덩이를 파서 물을 채워 바다를 만드는 큰 힘이 엄연히 존재하고 우리는 그 바닷가 연변 녹지대나 산기슭 골짜기에 근근이 서식하는 것을 허락받은 미미한 존재일진대 역사의 굽이굽이에는 우리와 같은 종(種)에 속하는 천재와 위인이 있어서 그 큰 힘에 온몸으로 맞서고 몸을 굽혀 시류에 영합하지 아니하며 살고 죽는 것을 초개같이 여겨서 힘써 사람의 옳은 길을 가려는 이가 없지 않았음은 정녕 사람 된 자의 자존(自尊)이 아닐 수 없다.

여기서 우리는 그리스도의 말씀 한마디를 생각하게 된다.

“그러므로 내가 너희에게 이르노니 목숨을 위하여 무엇을 먹을까 무엇을 마실까 몸을 위하여 무엇을 입을까 염려하지 말라. 너희는 먼저 그의 나라와 그의 의를 구하라 그리하면 이 모든 것을 너희에게 더하시리라”

2014. 1.

행복론

가련다 떠나련다 어린 아들 손을 잡고
감자 심고 수수 심는 두메산골 내 고향에
못 살아도 나는 좋아 외로워도 나는 좋아
눈물어린 보따리에 황혼 빛이 스며든다.

세상을 원망하랴 내 아내를 원망하랴
누이동생 혜숙이야 행복하게 살아다오
못 살아도 나는 좋아 외로워도 나는 좋아
유정천리 꽃이 피네 무정천리 꽃이 지네

「유정천리(有情千里)」라는 왕년의 유행가를 옮겨 적어 보았다.

인터넷에서 찾아보지도 않고 외워서 쓸 수 있는 것은 초등학교 시절부터 익히 알고 있는 노래이기 때문이다.

한 사나이가 도시에서 가정을 이루고 일상을 영위했지만 결국 실패했고, 얻으려고 최선을 다했던 행복과는 너무 먼 지점에 있는 자신을 발견하고 어린 시절 나름대로 행복했던 고향을 향하여 막 나서려는 참이다.

혈연과 지연이 중심이 되는 농촌사회를 떠나서 저마다의 이유를 가지고 도시로 모여들은 사람들은 전쟁이 만들어 놓은 상처와 초기 자본주의의 부작용 속에서, 꿈에 그리던 도시가 결코 행복의 보금자리가 아니라 비정한 괴물이라는 것을 알아차리게 되고, '가고 싶고 떠나고 싶었던' 것이다.

한국전쟁 후의 가난하고 피폐했던 시절에 유행했던 사연 많은 이 노래는 농경사회로부터 산업사회로 변하기 시작하는 순간의 한국인의 정서를 그 밑바탕으로 하고 있다.

노래는 흘러간 유행가이지만 그 정서는 현재에도 유효하다.

그 시절에는 돌아갈 수 있는 두메산골 내 고향이 있었지만 지금은 돌아갈 수 있는 고향이 어디에도 없다는 점이 다르긴 하지만.

나는 어린 시절 이 노래의 2절에 나오는 '누이동생 혜숙이야 행복하게 살아다오'라는 구절을 가끔 생각했었는데 누이동생 혜숙이는 오빠가 그렇게 바라는 대로 과연 행복했을까?

혹시 어린 아들의 손을 잡고 낙향한 주인공이 더 행복했던 것은 아닐까? 같은 쓸데없는 생각이었다.

되돌아보면 당시에는 아무도 의식하지 못했었지만 우리 한국사회는 50년대 말 쯤에 이미 '산업사회로부터의 인간 소외'라는 거대한 담론의 시작 부분에 들어서 있었던 것이다.

우리 한국인에게 있어서 행복이란 무엇일까?

열심히 공부해서 좋은 학교에 들어가고, 좋은 직장을 잡아서 돈을 많이 벌고, 예쁜 여자를 만나서 결혼하고, 아들딸을 낳아서 잘 기르고, 길러 주신 부모님께 효도를 다하고, 친구들과 친지들에게 잘해주고, 사회와 국가에 기여하고….

나아가서는 기른 아들딸들이 역시 내가 겪은 행복의 경로를 따라 잘 자라주기를 바라고….

그 시절에 전선에서 병사는 가족의 행복을 바라며 고된 훈련을 이겨냈고, 결혼 날짜를 받아 놓은 예비신부는 혼수로 쓸 베갯잇에 한 땀 한 땀 '행복' 문양을 수놓았었다.

행복을 기다리는 사람들, 행복을 적극적으로 쟁취하려는 사람들. 우리는 너 나 할 것 없이 '행복' 두 글자 앞에 일렬종대로 서 있는 셈이다.

전 국민이 거국적으로 목숨을 걸고 행복을 지상의 가치로 삼으니 행복을 주겠다는 곳도 많다.

행복을 상호의 일부나 전부로 삼는 업체는 치킨집으로 부터 술집, 부동산에 이르기까지 무수히 많고 이렇게 사는 것이 행복의 지름길이라고 코치해 주는 소위 행복전도사들의 책과 동영상도 사이버 공간에 넘쳐난다.

행복이 이렇게 인기가 있으니 표를 얻는 것을 그 본령으로 삼는 정치인들도 좋은 소재를 놓칠 수가 없다.

그 설립 과정을 놓고 전전 정권에서부터 말도 많았던 행정중심 복

합도시(세종시)를 약칭하여 '행복도시'라고 부르고 신용불량 직전에 있는 사람들에게 돈 빌려 주는 기금을 '행복기금'이라고 하는 등 정치권에서 오히려 앞장선다.

행복이란 무엇인가?

우리말 뿐 아니라 동양문화에는 '행복'이란 말이 없었다. 서양의 문물을 먼저 받아들인 일본 사람들이 영어의 'happy'에 해당하는 역어로서 '행복(幸福)'이라는 말을 제안한 것이다.

'happy'라는 단어는 'happen(우연히 일어나다)'이나 'happening(우연히 일어난 일)' 'mishap(우연히 마주친 작은 사고)', 'perhaps(아마도)' 같은 단어들과 공통의 어간 'hap-'을 가지고 있는데 'happy'는 '우연히 마주친 좋은 일'이라는 뜻에서 출발하여 차츰 '행복하여'라는 뜻으로 변모된 것으로 보인다.

나의 의도와는 전혀 무관하게 좋은 일과 마주치기도 한다. 어렸을 때는 골목길에서 동전을 줍기도 했으며 자라서는 소액의 복권에 당첨 되는 일도 있었고 젊어서는 아내 될 여자와 만나게 되는 일도 겪었다.

그러나 기억하지 말자고 머리를 흔들어야 했던 우연히 마주친 나쁜 일도 적지 않았다. 그러므로 happy한가 아닌가는 본질적으로 수학적인 확률에 속한 것이며 우리가 하려고 의도하는 바와는 무관하다.

'복(福)'이라는 한자의 뜻을 알기 위하여 옥편을 찾아보니, 그 좌변을 제사를 뜻하는 '보일 시(示)'변이 차지하고 있는 것에서 보듯이 '제사를 드림으로써 허여(許與)된, 삶에서 누리는 운 좋은 현상과 그것에서 얻어지는 기쁨과 즐거움'이라는 뜻을 가지고 있다.

그러므로 '행복'이라는 단어의 뜻은 위의 두 가지 의미를 합성했을 때 '기도(祈禱)에 의한 것으로서 우연히 마주치는 것의 모습을 취하는 좋은 일을 겪는 기쁨과 즐거움'이라고 유추할 수 있을 것인데 참으로 깊은 뜻을 가지고 있는 단어라 아니할 수 없다.

'행복'은 수학적인 확률과 신의 은혜의 합성품인 셈이다. 행복의 뜻을 상고(詳考)하면서 떠오르는 것은 이게 과연 가능한가라는 생각과 아울러 이런 게 존재한다면 참으로 희귀한 현상일 것이라는 생각이 들었다.

이렇게 어려운 행복이 지금과 같이 대중화한 것의 상당 부분의 책임은 영국의 법철학자인 벤담(Bentham, Jeremy 1748~1832)에게 있다고 말할 수 있을 것인데 그는 '법이란 최대다수의 최대행복(the greatest happiness of the greatest number)'을 지향해야 한다는 유명한 말을 함으로써 공리주의의 창시자라는 소리를 듣고 있다.

근심 걱정 없는 왕후장상이나 거부에게나 어울릴 현상을 누구나 누릴 수 있을 것 같은 분위기를 조성하는데 벤담은 큰 역할을 한 것인데 누구나 바라마지 않는 행복의 대중화라는 상황은 민주주의의 발달이라는 시대적인 조류와 함께 승세를 탄 것은 말할 것도 없다.

그가 무덤 속에서라도 자신이 역사적으로 끼친 영향을 이해했다면 조야하고 방만한 소리를 했다는 것을 반성해야 할 것이며 그가 주창한 바대로 이루어진 민주주의 법치주의 시대에 대다수의 인생들이 행복하지 않다는 데에 대하여 그는 어떻게 책임을 져야 할지 알 수가 없다.

사농공상의 구분이 확실한 신분사회에서 우리는 오히려 편했었다. 자신에게 주어진 신분에 따라서 조상 대대로 전해 내려온 가업에 충실하면 되었다.

백정은 도축하는 일의 기술적인 측면에 진력하면 되었고, 도자기 굽는 기술을 부친으로부터 전수한 도공은 도자기를 만들면서 살다가 자식에게 도공의 신분을 물려주었다.

농부는 철 따라 씨 뿌리고 거두는 일을 묵묵히 하면서 잘 되면 내 덕이라고 생각했고 안 되면 조상 탓을 할 뿐이었다. 나의 신분은 타고난 것이므로 내 마음대로 바꿀 수가 없으며 나의 운명도 그러했다. 내가 행복하고 불행한 것은 내 마음대로 되는 것이 아니었으므로 주어진 신분 조건 속에서 작은 만족을 얻으며 살았다.

그러나 세상이 민주주의가 되고 신분제도가 무너지면서 우리는 무엇이든지 할 수 있었으며 무엇이든지 될 수 있었다. 신분사회에서 나의 운명은 나의 신분이 무엇인가에 달렸지만 민주주의에서는 모든 것은 전적으로 나의 능력에 따른 것이었다. 좋아진 세상에서 능력과 노력은 모든 것을 가능케 하는 마술이 되었다.

어렸을 때 같이 자란 친구의 성공담을 들으면 나는 도대체 뭐하는 인간인가 하는 생각이 들었고 노력할 수 없었던 환경을 탓하면서도 슬며시 불행해지는 것을 어찌할 수가 없었다.

최대 다수의 최대 행복을 지향한다는 시스템도 극소수의 행복한 자와 절대다수의 불행한 사람을 만들어낸다는 점에 있어서 과거의 신분사회와 다름이 없었다.

격동하는 한국 사회는 약 100년이라는 짧은 기간 동안에 전제왕정에서 민주주의 체제로의 급격한 발달을 이루었으며 여러 차례 전쟁의 참화를 겪었다.

국권조차도 소실되거나 위태로운 일이 반복되는 과정 속에서 한 개인의 운명 같은 것은 스스로 챙기지 않으면 아무도 돌봐주지 않는 상황이 지속되었으며 그 속에서 과학주의와 배금주의와 능력주의적 가치관은 극치를 이루었다.

과학과 돈과 능력이 반드시 행복을 보장하는 것은 아니었다. 과학만능시대에도 점집이 성황을 이루고 있고 유명한 행복전도사도 자살의 유혹을 떨치지 못했고 건강 부문에서 이름난 어떤 행복전도사는 발병한 지 단 며칠 만에 패혈증으로 불귀의 객이 되었다.

표를 얻는 것을 그들의 본령으로 삼는 정치인들과 고객의 주머니 속 형편에 지극한 관심을 가지고 있는 상인들은 놓칠 수가 없었다. 그들의 목적을 달성하기 위하여 가장 좋은 미끼가 행복이라는 것을.

생각 없이 영향력에 휩쓸리는 것을 잘하는 침묵하는 익명의 군중에게 행복해질 수 있다는 환상을 줌으로써 그들은 원하는 것을 얻는다.

행복은 애초에 있지도 않았으며 지금도 없다. 운이 좋은 것과 마음이 편한 상태와 기분 좋게 만족하는 상태가 있을 뿐이다.

몽상적인 학자와 정치꾼과 장사꾼들이 자신의 목적을 달성하기 위하여 만들어 놓은 실체가 없는 추상적인 말이며 무지개이며 허깨비이며 사탕발림이다.

행복을 염두에 두고 삶으로서 행복하지 않은 부류에 속할 가능성을 자초하지 말고 하늘의 일은 하늘에 맡기고 우리는 사람의 할 일을 하는 것이 옳다.

밥그릇

개가 밥을 다 먹고
빈 밥그릇의 밑바닥을 핥고 또 핥는다
....
나는 언제 저토록 열심히
내 밥그릇을 핥아보았나
밥그릇의 밑바닥까지 먹어보았으나
개는 내가 먹다 남긴 밥을
언제나 싫어하는 기색 없이 다 먹었으나
나는 언제 개가 먹다 남긴 밥을
맛있게 먹어보았나
개가 핥던 밥그릇을 나도 핥는다
그릇에도 맛이 있다
햇살과 바람이 깊게 스민
그릇의 밑바닥이 가장 맛있다

2013. 11.

* 졸문을 쓰는 데 있어서 영향을 받은 것은 3권의 책, 즉 탁석산의 『행복 스트레스』, 알랭 드 보통의 『불안』, 김광수의 『철학적 인간』입니다.

한참 전에 읽은 것도 있고 최근에 읽은 것도 있는데 졸문의 내용 중에는 그 책에서 인용한 부분도 있다는 것을 밝혀둡니다.

** 졸문의 주제와 깊은 관련이 있다고 생각되어 정호승의 시 「밥그릇」을 인용합니다.

은혜의 시대

1960년대에 민중서관에서 나온 한국문학전집 제2권은 김동인의 대표작을 모아놓은 것이었다.

앞에서부터 「운현궁의 봄」, 「수양대군」 그리고 「김연실전」의 순으로 수록되어 있었는데 이 책을 처음 읽은 것은 초등학교 2학년 때였다.

읽을거리가 없던 시절이라 동화책 같은 것은 학급문고에서나 보는 귀한 것이었고, 집에서도 책이라면 보이는 대로 다 읽는 것이었는데 그중 이 책이 재미있어서 그 후로도 여러 번 읽은 것으로 기억한다.

「운현궁의 봄」과 「수양대군」은 우리 역사에 있어서 문제적 인물인 대원군과 수양대군에 대해서 그들이 왜 그 길을 택하지 않으면 안되었나를 설명하는 관점에서 쓰여진 역사소설이었다.

흥선군(興宣君) 이하응(李昰應)은 '흥설군' 혹은 '상갓집 개'라는 놀림을 받는 비루한 인생을 살았는데 이것은 자신이 왕족이라는 체면을 생각지 않고 폐포파립의 남루한 행색으로 권문세가의 술자리를 기웃

거릴 뿐 아니라 시정잡배들과 어울려 투전판을 벌이기도 하고 그러다가 드잡이를 하는 것을 예사로 삼았기 때문이었다.

그러나 그의 파격적인 행동이 똑똑한 종친이 살아남기 힘든 세상에서 목숨을 이어나가기 위한 보신책이라는 것을 눈치채는 사람은 거의 없었다.

이때는 조선 시대에서 가장 암울하던 시기로서 강화도령 출신의 유약한 임금 철종이 재위하던 기간이었고 삼정(곡식을 대여하는 제도와 징병제도)의 문란이 극심하여 곳곳에서 민요(民擾)가 일어나던 시절이었다.

다음은 「운현궁의 봄」에 나오는 한 장면이다.

가끔 눈발이 흩날리기도 하는 이른 봄의 한강 백사장에는 화려한 색깔의 천막이 여러 채 설치되어 있었고 그 옆에는 여러 개의 커다란 가마솥에 장작불이 지펴지고 있었다.

수십 섬의 밥을 하느라고 대갓집의 하인들은 부지런히 움직이고 있었다.

강상에는 놀잇배가 띄워져 있었고 풍악을 잡히는 기생과, 귀인에게 강물이 튈세라 조심해서 노를 젓는 놋군들과, 밥을 함지박으로 퍼서 강물 속에 던져 넣는 인원이 동승하고 있었다.

시임(時任) 좌의정 김좌근(金左根) 대감의 첩인 나주합하(羅州閤下) 양씨가 한강의 물고기들에게 은혜를 베푸는 장면이었다.

한강변에서 삶을 영위하던 백성들은 구경거리로서의 가치가 충분한 이 장면을 놓치지 않으려고 남녀노소 할 것 없이 몰려나왔다.

누군가의 입에서 "죽일 놈들"이라는 소리가 나지막이 흘러 나왔다.

끼니를 거르는 일이 더 많은 한 젊은 백성은 흰 밥덩이를 보고 식솔들을 먹일 생각에 눈이 어두워 차가운 강물 속에 남모르게 자맥질을 했다.

그는 던져진 밥덩이가 물고기의 입에 들어가기 전에 가라앉는 방향을 삼베 자루 속으로 바꾸는 작업을 종일토록 하다가 급기야는 기세등등한 대갓집 하인에게 붙잡혔다.

"물고기 밥을 뺏어 먹는 놈."

다음날 이장손이라는 이름의 물고기보다 못한 젊은이는 시퍼렇게 장독(杖毒)이 들은 채로 초죽음이 되어 대갓집의 문밖으로 내쳐진다.

물고기에게 은혜를 베풀기 위하여서는 신분이 낮은 사람으로부터는 원망을 들어도 상관없었다.

남으로부터 무엇을 받으면 고마운 마음이 들지만 그것도 잠깐, 풍진 속을 헤치고 살아온 인생은 세상에 공짜가 없다는 잠언을 생각해내고 저의(底意)를 생각하게 된다.

받으면 준다.

주면 받는다.

받기 위하여 주고, 주기 위하여 받는다.

더 큰 것을 받기 위하여 작은 것을 준다.

혼자 살지 않고 사회 속에서 남과 관계를 맺으며 살아가려면 주고받는 것(去來)으로부터 자유로울 수가 없다.

나한테 무엇을 주고 또 무엇인가를 받아가는 자는 자기의 필요에 따라 받아가기 위하여 준 것이기도 하므로 본질적으로 나와 대등하다.

그러나 세상에는 받아갈 생각 없이 주는 자도 있다.

주는 것이 스스로에게 필수적이지 않거나 그것을 충분히 가지고 있거나 그것을 있는 대로 다 주려고 작정한 자이므로 그는 물질적인 면에서 혹은 정신적인 면에서 나와 대등하지 않다.

대개의 경우 그에게 있어서 나는 남이 아니며 나는 그에 속하는 그의 일부이다.

우리는 자연의 일부이므로 자연은 우리에게 베풀기만 하고 받아가지 않는다.

하늘 아래 왕의 땅이 아닌 곳이 없고 왕의 신민이 아닌 사람이 없었으므로 옛날 우리는 왕의 사유물이었고 적자(赤子)였다(경전에 普天之下 莫非王土 率土之賓 莫非王臣이라고 했음).

어머니는 자기 몸의 일부가 분리되어 나간 자식을 남으로 인식하지 않으므로 자식이 장성한 후에도 주기만 할 뿐 받을 것은 생각하지 않는다.

그래서 조상들은 부처님의 은혜를 기려서 지명으로 삼았고(인천광역시 강화도에는 佛恩面이 있음), '태왕의 은택이 하늘에 사무쳤다'(太王恩澤洽于皇天, 광개토대왕비문에서 인용함)라고 비석에 새겼으며, 부모의 은혜가 무겁다는 내용의 경전을 썼다(父母恩重經).

대학에 다니던 시절 물리화학(physical chemistry)이라는 과목이 있었다.

수학적 머리가 없던 나로서는 기본개념도 이해가 잘 안 되던 과목이었는데 그 내용 중에 열역학 제2법칙이라는 것이 있었다.

그 내용에 대한 수학적인 이해에는 아직도 도달하지 못했으나(이해했더라도 잊어버리기에 충분한 세월이 지났다.), 이 법칙의 골자는 세상은 엔트로피(entropy)가 증가하는 쪽으로 움직인다는 것이다.

이것을 인문학적으로 적용한다면 세상은 정교하고 정리되고 분화된 것으로부터 퇴행하여 혼돈되어 섞이고 미분화된 것으로 나아가는 것이 된다.

미세한 것까지 잘 보이던 시력은 돋보기를 끼고도 희미해지고 굳건하던 허리는 퇴행성 변화가 오며 들으면 바로 저장되던 기억력도 여러 번 듣고서도 언제 들었는지 가물가물한 상태로 되고 만다.

물은 높은 곳에서 낮은 곳으로 흘러내리고, 고두밥은 발효되어 막걸리로 변했다가 식초로 변하고, 날씬한 홍안미인은 간 곳이 없고 주름살투성이 노파로 바뀔 것이며, 다보탑과 석가탑은 풍화작용을 겪고 있고 피사의 사탑은 어느 날 무너져 내릴 것이다.

이렇게 세상은 망가져 가서 궁극적으로는 모든 것의 혼합체인 곤죽 비슷한 것으로 되고 말 것이다.

그러나 아직 세상이 건재하는 것은 엔트로피의 증가에 역행하는 힘이 작용하고 있어서 그럴 것이다.

아직 과학은 한계가 있지만 물을 위로 끌어 올리는 장치가 있으며 의술의 발전은 청춘의 미모를 오래 유지할 수 있도록 해 주고 있고 고건축물은 적절한 개보수를 거치면 도괴를 방지할 수도 있다.

과학의 발달은 어디까지 갈 것인가?

과학의 뒤에는 그것을 가능케 하는 정신이 있고, 그 뒤에는 무엇이 있는가?

은혜란 무엇인가?

나보다 본질적으로 우월한 존재가, 소멸되어 가는 나와 우리와 지구와 이 세상을 대가성 없이 살려주는(고교 시절 月角이라는 별명을 사용하는 담임 선생님은 '살콰주는'이라는 단어를 쓰셨는데 어감상 이 단어가 더 와닿는다.) 힘이다.

만경창파에 일엽편주 같은 우리 피조물(creature, 반드시 기독교적인 의미는 아님)들은 자신의 인생이 은혜로 충만하기만을 몽매에도 바라며 가뭄에 단비를 기다리듯 은혜에 목말라한다.

그래서 정화수 떠다놓고 빌며, 산신각에서 치성드리며, 대웅전에서 삼천배하고, 교회에 주일성수하며, 시주하고 헌금한다.

좋은 꿈 꾼 날 로또 복권을 구입하기도 한다.

서두에 등장한 나합(羅閤) 양씨도 자신의 인생에 은혜가 가득하기를 바라고 물고기를 먹이는 공덕을 쌓고 있었다.

사람들에게 가야할 양식을 권력의 힘을 동원하여 중간에서 인터셉트하여 자기의 것으로 하고, 이것을 자신이 은혜 받기 위하여 물고기들에게 제공했으나 그게 물고기한테 가기 전에 올바른 임자가 자기 것을 찾아가려고 했던 것이다.

우리는 희망*으로 가득 찬 소년 시절을 겪었으며 타고난 재능에 노력을 경주하면 되지 않는 일은 없다고 생각하며 청춘 시절을 보냈다.

그러나 나이가 들어가면서 인생의 도처에서 숨어있는 복병 같은 좌절을 겪으면서 '잘되면 내 덕이고 안되면 조상 탓'이라는 푸념도 입에 달고 살았다.

이삼년 전 『아웃라이어(Malcolm Gladwell, Outliers)』라는 책을 읽었는데 이 책은 인생의 성공과 실패에 대해서 독특한 시각에서 분석을 한 통찰력 있는 내용으로 가득 차 있어 일독의 가치가 충분하다.

저자인 말콤 글래드웰이 하나의 예화로 올려놓은 것은 IQ 195의 크리스 랭건(Christhopher Langan)과 맨해튼 프로젝트(Manhattan project, 미국 최초의 원자탄 제조계획)의 책임자였던 로버트 오펜하이머(Robert Oppenheimer)의 인생의 비교 분석이었다.

크리스 랭건은 IQ를 측정할 적에 점수가 설정되어 있는 측정 범위를 넘어 버리는 바람에 특별히 머리 좋은 사람들을 위한 수퍼 IQ 테스트라는 것을 적용한 사람이었다.

그는 어렵기로 이름난 버트란드 러셀과 화이트헤드 공저의 『수학의 원리(Principia Mathematica)』를 열여섯 살에 독파했으며 SAT에서 만점을 받았다고 한다.

그러나 그의 사생활은 불우하기 짝이 없어서 어머니의 네 아들 중의 첫째였으나 동생 세 명이 다 아버지가 달랐으며 그중 그의 아버지는 그가 태어나기도 전에 죽었다.

그는 동생들의 생계를 위하여 짐꾼 일을 했으나 언제나 극빈자를 면치 못했으며 정상적인 교육을 받지 못했다.

어느 날 알코올중독자인 의부가 평소에 하던 대로 주정을 부리자 엉겁결에 그를 때려눕히고 가출한 후로는 다시는 집으로 돌아가지 않았다.

그는 향학열 때문에 대학의 문을 두 번 두드렸지만 그때마다 난관을 극복하지 못하고 공부를 계속하지 못했다.

백만 명 중에 한 명 나올까 말까 한 천재가 세상에 아무 영향을 끼치지 못하고 재능을 낭비하면서 시골에서 농부로 늙어갔다.

로버트 오펜하이머는 어린 시절에 보여준 능력에서 크리스 랭건과 비슷했으나 다른 모든 점에서 그와 달랐다.

불우한 랭건이 술주정뱅이 의부가 지배하는 공포 분위기의 가정에서 주눅이 들어 지내는 동안 유복한 오펜하이머의 부모는 아들을 천재라고 생각했고, 랭건이 방치되어 '자연 양육' 상태에 놓여져 있는 동안 오펜하이머의 부모는 '집중 양육'으로 아들을 키웠으며 '그들이 세상을 바꿀 주인공이라는 강한 자부심'을 가진 아이들의 그룹 속에서 자라게 했다.

주변의 환경을 자신에게 유리하게 변화시키는 요령을 자연스럽게 터득한 오펜하이머는 누구에게나 오는 좌절을 슬기롭게 극복했고 주어진 기회를 최대한 활용하여 2차대전을 종식시키는데 직접적인 영향을 끼친 맨해튼 프로젝트의 주인공이 되어 역사에 이름을 남겼다.

아무리 뛰어난 천재라도 혼자서 자기의 길을 만들어 가지는 못한다.

재능 있는 젊은이가 각고의 노력으로 좋은 학교를 나오고 시험에 합격하여 작은 성공을 이룬다고 해도 대부분 거기까지 뿐이다.**

그것도 본인이 이룬 것이라기보다는 자식을 잘 기르려는 부모의 노력에 유전적인 체력과 지력이 더하여진 것이 주된 것이다.

조상들은 한 인물이 태어나기 위하여서는 천시(天時)와 지리(地利)와 인화(人和)의 조화가 있어야 한다고 생각했다.

시대가 인물을 만들고, 기운이 무르익은 곳에서 인물이 나며, 사람의 도움으로서만이 사람의 하는 일이 제대로 이루어진다.

사람이 목숨을 다하여 하는 일의 뒤에서 사람의 영위하는 행사(行事)가 이루어지도록 해 주는 힘이 무엇인가?

하늘의 도우심, 즉 은혜가 없이는 아무 일도 이루어지지 않는다.

사기열전에도 나오는 도척(盜拓)이라는 인물은 사람 죽이는 것을 취미로 삼고 인육을 먹는 것을 식도락으로 삼았다는 극악무도한 자인데 호의호식하면서 잘 살다가 천수를 누리고 죽었다.

멀리서 예를 찾을 것도 없이 명분 없는 동족상잔을 일으켜 수백만 동포를 살상하는 만행을 저지른 김일성은 그 죄과가 도척보다도 더하면 더했지 결코 못하지 않은데도 갖은 영화를 누리다가 온전하게 천수를 다하고 죽었으며, 이에 더하여 아들인 김정일에게 북조선을 사유재산 상속하듯이 넘겨주었고 지금 그 땅과 인민의 운명은 그의 손자인 김정은에게 넘어가 있어 김씨 일가는 3대에 걸친 부귀영화를 누리고 있는 중이다.

욕망을 마음대로 충족시킬 수 있는 상태로 되는 것이 은혜라고 한다면 세상에 도척이나 김씨 일가보다 더 많이 은혜를 받은 자는 없을 것이다.

하늘의 그물은 성기고 성기지만 새지 않는다(天網恢恢 疏而不漏)는 말은 과연 맞는 말이며 천도(天道)는 무심치 않다고 하는데 과연 천도는 있기나 한 것인가?

도씨와 김씨 일가의 예에서 알 수 있는 것은 내가 은혜 받는 것이

다른 이에게도 은혜가 되어야 비로소 내가 받은 것이 은혜라고 할 수 있을 것이라는 결론을 얻게 되며 이것이 천도와 하늘 그물의 또 다른 측면이라고도 할 수 있을 것이다.

다시 말해서 내가 은혜의 통로가 되어야만 내가 은혜를 받는 것이 되고 내게 주어진 은혜로 말미암아 내 이웃도 은혜에 참여할 수 있는 것이며 그리하여 나는 은혜의 객체와 주체가 동시에 되는 것이니 그러한 개인들로 이루어진 세상에서 우리는 은혜의 바다 속에 있게 되며 그래서 세상은 그야말로 은혜 충만한 곳이 되고 말 것이다.

고등학교에 다닐 때 어머니는 매년 음력설 즈음이면 토정비결을 읽어달라고 하셨다.

한 장의 종이에 알기 쉽게 그 해에 일어날 일을 월별로 적어 놓은 것으로 인생에서 닥칠 수 있는 수많은 경우의 수를 지극히 단순화시킨 것이라 주로 은유와 상징으로 된 문장으로 되어 있었고 한국인의 정서에 맞는 부분이 있어서 읽을 재미와 들을 재미가 있었다.

어머니가 읽어달라고 하시면 이리저리 미루다가 귀찮아하며 겨우 읽어드렸었는데 아들이 읽어주는 토정비결을 듣고 싶어 하시는 어머니가 무슨 마음을 가지고 그렇게 하셨는지를 별세하신 후 10여 년이 지나고 나서야 헤아리게 되었으니 이 불효를 어떻게 할 것인가?

좋은 시절을 살 때에는 그 의미를 짐작도 못하다가 늙고 쓸쓸해지면 겨우 촌탁하는 것이니 인생이라는 것은 참으로 모순덩어리라 아니할 수 없다.

토정비결에는 질병이나 관재수(官災數) 같은 불길한 예언이 나오면 그 뒤에는 반드시 이에 대한 처방이 적혀 있었다.

그중 기억에 남는 것은 '명산에 기도하면 이 수를 면할 수 있으리라(名山祈禱 可免此數)'라는 구절이다.

이름난 큰 산에 오르면 우리 인간은 어떤 거스를 수 없는 큰 힘의 존재를 구구한 설명 없이도 몸으로 느끼게 되는데 만일 기도하기 위하여 올라간 산이라면 어떨까?

명산에서 홀로 여러 날을 기도하느라면 일을 해결하는데 있어서 중요한 것과 덜 중요한 것이 저절로 구분되면서 문제가 단순해지고 그런 가운데서 문제의 본질과, 또 문제 앞에 선 발가벗은 자신을 만나게 됨으로써 통찰력이 생길 것이니 '명산기도 가면차수'라는 구절은 이를 말하고 있는 것으로 보인다.

지구별을 만들고 산을 세우고 대양을 판 큰 힘이 과연 존재한다면 이 힘은 사람의 운명에도 필연적으로 작용할 것인데 사람이 모여서 만든 사회를 유지하기 위한 약속이나 인간사회에서 통용되는 사필귀정의 정의와 가치관은 그 앞에서 의미가 없는 것이 될 수도 있겠다는 것을 이해하게 된다.

그러므로 우리의 상식에 따라 이 세계가 움직이지 않는다고 해서 반드시 괴로워할 문제가 아닌 것이 된다.

졸고의 중심적인 관심이 되고 있는 이 무형의 존재에 대하여 기술한다면 아래와 같이 요약할 수 있을 것이다.

1. 이 힘은 나의 내부에서 유래된 것이 아니다.
2. 태초로부터 지금까지 항상 있어 왔고 앞으로도 영원히 있을 것

이다.

3. 어디에나 있다.
4. 세계가 소멸되지 않고 있게 해 온 원동력에 해당한다.
5. 어디까지나 이것이 주인이고 나는 그에 부속된 것이다.
6. 이것과 하나가 되는 것만이 내 삶의 궁극적인 이유가 된다.

구름은 용을 좇아 일어나고,
바람은 범을 따라 생긴다.
이와 같이 성인이 나타나면
세상만물의 모습이 뚜렷이 드러난다.

雲從龍
風從虎
聖人作而萬物睹***

* 희망이라고 쓴 자리에 稚氣를 넣어도 말이 된다.
** 자기 노력을 들이지 않고 부자가 되는 세 가지 방법 중 첫째는 부잣집 아들로 태어나는 것이고 둘째는 부자 배우자를 만나는 것이며 셋째는 복권에 당첨되는 것이라는 이기적인 농담을 해 가면서 낄낄거리던 시절도 있었다.
*** 주역의 건괘(乾卦) 문언(文言)에서 인용함.

2012. 7.

6

비둘기와 도인

행복한 눈물

눈 오는 날에 눈에 눈송이가 들어가면 눈이 녹은 눈물일 수도 있고, 오랜 겨울 가뭄에 시달리다가 눈이 오는 것이 기뻐서 눈물이 날 수도 있으며, 눈과 관련된 옛 추억 때문에 왠지 모르게 눈물이 날 수도 있습니다.

사람의 눈에는 눈물을 만들어 내는 눈물샘이 있고 그 눈물이 안구의 표면을 적심으로써 눈을 보호하는 작용을 합니다. 항상 일정량이 분비되고 있어서 안구가 마르는 것을 막고 살균작용을 하는 성분도 함유되어 있어서 눈을 보호한다고 합니다. 눈의 표면을 적시는 역할을 하고 난 눈물은 눈의 안쪽 아래위로 열려 있는 비루관(nasolacrimal duct)을 타고 콧속으로 빠져나가게 되며 콧속에서는 호흡에 의하여 증발되어 버립니다.

정서적인 이유로 눈물의 양은 많아지기도 하는데 비루관이 감당할 수 없을 정도로 많아지면 눈물은 눈의 바깥쪽으로 흘러넘치게 됩니다. 눈물을 펑펑 흘릴 정도로 많이 울 때 눈물 콧물을 같이 흘리는 것은 비루관이 콧속으로 통해 있기 때문이라고 합니다. 인간은 정서의 동물이므로 정서의 극단에 달하면 눈물을 흘리게 되는데 흔히 '눈물'은 희로애락의 정서 중에서 '슬픔'과 동의어로 쓰이곤 합니다. 정서를 표현하는 것을 주된 기능으로 하는 음악, 특히 대중가요의 제목과 가사에는 '눈물'이 자주 나옵니다. 생각나는 것만 열거해 봐도 'Rain and tears', 'Tears in heaven', '눈물의 토카타', '목포의 눈물', '눈물에 젖어'…, 등등.

눈물에는 거짓이 없습니다.

눈에 눈이 떨어져 녹은 눈물이나 악어의 눈물, 또는 정치적인 눈물도 있으나 대개의 눈물은 진실을 말하고 있습니다. 어떤 철학자 영감님은 '눈물에 젖은 빵 한 조각을 먹어 보지 않은 자와는 더불어 인생을 논하지 말라'고 충고하고 있으며, 술꾼들은 이 경구(警句)를 그들 나름대로의 버전으로 번안하여 '눈물 섞인 쐬주 한 잔을 마셔 보지 않은 자와는 더불어 인생을 논하지 말라'고 함으로써 뉴물과 무관한 인간들이 더불어 살아가는 데 있어서 좋은 파트너가 못 된다는 것을 그들의 경험칙으로서 경고하고 있습니다.

모차르트의 생애를 다룬 영화인 「Amadeus」의 마지막 부분에는 모차르트가 한 곡을 쓰다가 끝내 완성을 보지 못하고 사망하는 장면이 나오는데, 이것이 「Requiem」으로 결국 본인이 예언했던 바 그대로 자신의 진혼곡이 되고 맙니다. 「Requiem」의 한 부분인 'lacrimosa'는 '눈물의 날'로 번역되는데, 영화 중에서 모차르트의 죽음을 목도한 하녀(그녀는 모차르트의 라이벌인 살리에리가 매수한 여자였습니다.)가 그의 주검 앞에서 통곡하는 장면의 뒤에서 장중하게 들려오던 이 합창곡은 참 인상적이었습니다.

필자의 집이 있는 일산에는 '라노비아(La novia)'라는 단란주점이 있는데 가까운 친구와 더불어 가끔 들러서 못 부르는 노래지만 술기운에 한 곡씩 뽑곤 합니다. 「La novia」는 한글 제목이 「눈물에 젖어」로 알려져 있는데, 가사 중에 눈물을 뜻하는 'Dietro una lacrima indecisa…'라는 부분이 있고, 가사의 내용이 사랑하는 여인이 다른 사람과 결혼하는 예식장에서의 슬픈 마음을 나타낸 것으로 설정되어 있으니 '눈물에 젖어'서 부르지 않을 도리가 없었을 것입니다. 슬픈 일로 자주, 기쁜 일로 가끔 눈물에 젖을 일이 있는 우리 인생들은 친구와 더불어 맥주 한 잔 기울이면서 어설픈 무대에서나마 왕년의 가수 토니 달라라(Tony Dallara)가 부른 이 노래를 마이크 잡고 한 곡 부름으로써 삶의 애환을 노래에 실어 흘려버리는 것도 한 즐거움이 아닐 수 없습니다.

몸의 주인은 마음이고 눈물은 마음이라는 바다의 표현된 한 부분일 뿐입니다. 눈에서 한 방울의 눈물이 떨어지면 마음의 바다에는 눈물의 파도가 일렁입니다.

눈물은 약간의 염분과 단백질을 포함하고 있으므로 결코 순수한 물은 아니지만, 눈물은 인간이 가질 수 있는 가장 순수한 것을 그 속에 함유하고 있습니다.

인간은 울면서 태어나고 부모님의 눈물 속에서 자라며 눈물 속에서 모든 것과 하직합니다.

생각하고 보면 눈물과 행복은 서로 가까운 데 있으며 상호보완적인 측면이 있습니다.

학형 여러분이 금년에는 행복과 감동의 눈물을 흘릴 일이 있는 한 해가 되기를 바랍니다.

> 모두 없이 나도 어린애 되면
> 엄마 젖가슴에 다시 머리 파묻고
> 괴롭던 어린 날을 울어 버리면*

*마종기 시인의 「해부학교실 2」 중에서 인용함.

2009. 1. 21.

비둘기와 도인

요즘은 차로 출퇴근을 잘 안 하고 전철을 많이 이용한다.

건강을 위하여서는 걷는 것이 좋다는 생각을 가지게 된 데다가 휘발윳값도 절약된다. 일산에서 이수까지 가려면 버스 한 개 노선과 전철 두 개 노선을 이용하게 되는데, 집 앞에서 출발하는 버스를 타고 자유로를 달려서 당산역 버스정거장에 도착하면, 여기서 횡단보도를 건너서 지하철 2호선 승강장으로 통하는 계단을 올라가게 된다.

매일 아침 횡단보도 앞에 잠깐 서서 신호등을 기다리게 되는데 이곳에는 낫살깨나 드신 아저씨가 자동차를 대 놓고서 땅콩을 팔고 있다. 아마도 지난 겨울 내내 이곳에서 사업을 하고 있었나 보다. 사업이랄 것도 없는 것이 소형 화물자동차의 화물칸에 땅콩 볶는 기계를 실어 놓고 그 옆에 볶은 땅콩 한 무더기와 날땅콩 한 무더기를 진열해 놓은 것이 전부이다.

하루는 이곳에 잠깐 서서 신호등에 초록 불이 들어오기를 기다리고 있는데, 무심코 땅콩 좌판을 보니 도둑비둘기 한 마리가 땅콩 무더기 위에 앉아서는 눈동자를 이리저리 굴리면서 땅콩을 날름날름 삼키고 있는 것이 아닌가?

길거리에 땅콩 좌판 두어 개 놓고서 돈벌이를 하면 하루에 얼마를 벌 것인가?

비둘기의 숫자가 너무 많아져서 산성도가 높은 비둘기 똥이 도시의 콘크리트 구조물을 부식시켜 수명을 단축시키고 있다는 신문기사가 떠올랐다.

"떽!" 하고 소리를 질러 비둘기를 쫓은 후, 주인은 도둑도 안 지키고 어디를 갔나 하고 주위를 둘러보니 안경을 낀 점잖은 아저씨가 차 뒤쪽에서 천천히 나타난다.

"비둘기가 땅콩 다 먹어요." 하니까 아저씨 왈, "함께 노나 먹고 살아야지요." 하고 점잖은 말씀을 한다.

신호등이 들어와서 횡단보도를 건넜으나 내 머리에는 이 아저씨의 도통한 말씀이 한동안 머물러 있었다.

오늘 아침도 버스에서 내려 횡단보도를 건너게 되었다.

며칠 전 일이 생각나서 아저씨에게 인터뷰를 청해본다.

"비둘기가 땅콩을 다 먹는데도 왜 가만히 계세요?"

"노나 먹고 살아야지요." 하고 예의 도통한 말씀으로 시작되는 이야기인즉슨 비둘기를 막을 방법이 별로 없다는 것이다. 쫓아도 그때뿐이라고 한다. 안 보이는 곳으로 잠깐만 가 있어도 기다리고 있던 비둘기가 하강(下降)하여 땅콩을 집어 먹는다는 것이다.

눈을 들어 위를 보니 전철 2호선 지나가는 고가도로의 교각에 비둘기 한 마리가 앉아서 얘기를 엿듣기라도 하는 듯 눈동자를 떼굴떼굴 굴리고 있었다.

"그래도 이것만 보이면 도망갑니다." 하고 아저씨의 손가락이 가리키는 곳에는 나뭇가지로 만든 투박한 새총이 땅콩 위에 놓여 있었다.

아저씨의 친절한 설명을 들으니, "땅콩 위에 새총이 왜 있어야 하는 것일까? 적어도 땅콩 알맹이로 새총을 쏘지는 않을 텐데…. 음, 내 머리로는 이해가 안 되는군. 세상에 이해가 안 되는 게 이것뿐만은 아니니까"라고 중얼거리면서 횡단보도를 건너던 며칠 전의 일이 떠올랐다.

5,000원에 한 됫박이라는 땅콩을 한 되 사드릴까 말까 하는데 초록 불이 들어왔다.

역시 삼천리반도 금수강산 우리나라에는 산이 많고 골이 깊어서 공부가 깊은 도인이 한두 명이 아니다.

"노나 먹고 살아야지요."라는 평등과 박애의 정신을 인근에 사는 동물의 영역에까지 확대 적용하는 아저씨가 혹시 최근에 하산한 도인이 아닐까 하는 생각이 든 것은 횡단보도를 건너던 중이었다.

이틀 후 이야기.

오늘 아침에는 꼭 땅콩을 한 봉지 사 주려고 그 자동차 옆으로 갔더니 분위기가 심상치 않았다. 누군가 디지털카메라를 들고 땅콩 실은 자동차를 사진을 찍고 땅콩 도인에게 무슨 말을 하는 것을 보니 구청에서 노점 단속반원이 나온 모양이다. 도인 아저씨는 당황해서 운전석으로 들어가 급하게 차를 빼려고 했다. 필자와 어떤 여자가 땅콩을 사려고 하니까 단속 공무원으로 보이는 아저씨가 운전석 옆의 유리창을 손으로 두들겼다.

"손님 왔는데 물건 팔건 파시고."

정신없어 하는 땅콩 도인은 운전석에서 내려 땅콩 두 봉지를 허둥지둥 싸 주었다.

고개를 들어보니 오늘은 비둘기 두 마리가 이 광경을 내려다보고 있었다.

2009. 3.

비 오는 날

1.

장마가 본격적인 국면에 접어들었는지 오늘은 아침부터 하루 종일 비가 내린다.

젊은 시절 즐겨 읽던 서머셋 모옴(Somerset Maugham)의 소설 『비(rain)』가 생각난다. 모옴은 런던에서 의학을 공부하여 의사면허를 얻었으나 일생 동안 환자를 보지 않았고 소설과 희곡을 잘 써서 작가로서 입신하였다.

그가 만년에 남태평양을 여행하면서 받은 인상을 제제(提題)로 하여 쓴 소설 중의 하나가 『비』였다. 읽은 지 오래되어 내용은 거의 기억에 없으나 소설의 줄거리가 되는 사건의 사이사이에 끝없이 내리는 비에 대하여 기술해 놓은 것만은 인상적이었다.

인간이 만들어 놓은 사회의 한 부속품으로 하루하루를 지지고 볶으면서 살아가는 우리 인생에게 며칠씩 내리는 비 같은 거대한 자연

현상은 결국 우리는 자연의 일부일 뿐이라는 것을 일깨워 주는 차원에서 카타르시스를 제공하는 것 같다.

2.

석가세존이 성도(成道)한 이후 처음으로 설법한 내용을 모은 것이 화엄경(華嚴經)이라고 하던가.

화엄 사상에 대한 깊은 이해는 없으나 필자를 포함한 세상 사람에게 가장 많이 알려져 있는 것은 세상만사 오직 마음의 조화일 뿐이라는 '일체유심조(一切唯心造)'라는 구절일 것이다.

마음은 곧 나의 몸의 주인이니 나는 곧 내 마음이다. 그러나 우리는 종종 유행가 가사에 나오는 것처럼 '내 마음 나도 몰라'라고 해도 좋을 상황에 빠질 때가 있다. 내 몸의 주인이라는 마음이라는 자는 간사하기 짝이 없어, 아침에 다르고 저녁에 다른 조령모개(朝令暮改)일 정도면 양반이고, 칠면조처럼 하루에 일곱 번씩 얼굴을 바꿔대니 그 일곱 얼굴 중 어떤 것이 참 내 얼굴인지, 마음에 종속된 것으로 되어 있는 내 몸은 이렇게 변덕스러운 마음을 쫓아다니느라 오늘도 피곤하기 짝이 없다.

3.

그러므로 이렇듯 변화무쌍하고 뒤숭숭한 내 마음을 이기고 컨트롤하는 것은 세상 무슨 일보다도 어려운 일일 수 있다는 것을 이해하게 된다.

이 어려움에 대하여 구약 성서에는 '노하기를 더디하는 자는 용사보다 낫고, 자기의 마음을 다스리는 자는 성을 빼앗는 자보다 나으니라'(잠언 16:32)라는 구절이 있어서, 확실치 않은 사안에 대하여서는 차라리 감정 표현을 유보하는 것이 더 나을 수도 있다는 것과 내 마음이라는 변덕스러운 말의 고삐를 단단히 잡는 것이 지난(至難)하다는 것을 말해 주고 있다.

말이 쉬워 노하기를 더디하고 자기의 마음을 다스린다고 하지만 결코 쉬운 일은 아니다. 특히나 우리 한국 사람들은 성격이 급해서 구약 성경에 나온 구절대로 '노하기를 더디게' 행동한다면 아마도 대개의 경우는 모자라는 사람으로 취급 받을 것이다. 속상한 일이 있으면 참고 있는 것이 미덕이 아니고 뚜껑 열리는 대로 열어서 뒤집어엎어 버리는 것이 정상적이고 상식적인 일로 치부되는 세상이다. 화풀이 한 번 하는 것은 정신위생에 좋을 수는 있으나 이로 말미암아 한 번 깨어진 인간관계는 복구되기가 영원히 어렵다. 장기적인 안목으로 볼 적에는 차라리 내가 바보 되고 마는 것이 결과적으로 나은 경우도 많다.

4.

함곡관(函谷關)을 지키는 문지기가 직업이었다는 노자(老子) 선생의 도덕경은 유연한 마음의 겉으로 나타나는 모습은 어리석어 보이는 모습일 수밖에 없다고 말한다.

세상 사람은 모두 똑똑하고 분명하기만 한데 나는 홀로 흐리고 어둡기만 하구나.

세상 사람들은 사리에 밝고 빈틈없이 잘 살필 줄 아는데 나만은 홀로 사리에 어둡고 어리석기만 하네.

여러 사람들은 다 쓸모가 있건마는 나만은 홀로 완고하여 촌스럽기만 하네.

(衆人昭昭 我獨昏昏 俗人察察 我獨悶悶 澹兮其若海 飂兮若無止 衆人皆有以 而我獨頑似鄙)

5.

춘추전국시대의 노나라에 태어나 주유천하(周遊天下)하며 70여 년을 산 공자는 우리 인생에게 세상만사에 대하여 끊임없이 충고성 잔소리를 늘어놓는다.

"일찍이 여색을 좋아하듯 덕(德)을 좋아하는 자를 보지 못했다(子曰 吾未見好德如好色者也)."

동물로서의 본능으로 하고 싶은 일과 인간으로서 마땅히 해야 할 일 사이에서 딜레마를 겪고 있는 우리 인생에게는 듣기 싫은 잔소리임에 틀림이 없으나, 인간의 내부를 꿰뚫어 본 성인이 아니고는 할 수 없는 소리임에 틀림이 없다.

또 그는 음식에 대해서도 대단히 까다로운 입맛을 가진 노인이었다.

"밥은 정결해야 하고, 회는 가늘게 썰어야 하며…, 고기 빛이 궂은 것과 냄새 나쁜 것을 안 먹고, 철에 안 맞는 것은 안 먹었다. 반듯하게 안 자른 고기는 안 먹었고, 양념과 간이 맞지 않으면 안 먹었다…."(論語 鄕黨編)

이런 까칠한 영감님이 친구에 대하여 논한 것이 없을 리가 없다.

"이로운 세 벗이 있으니 곧은 벗(直)이나, 신실한 벗(諒)이나, 들은 것이 많은 벗(多聞)은 이롭다. 해로운 세 벗이 있으니 비위 잘 맞추는 벗(便辟)이나, 겉으로만 잘하는 벗(善柔)이나, 듣기 좋은 말만 하는 벗(便佞)은 모두 해롭다."

(孔子曰, 益者三友, 友直, 友諒, 友多聞, 益矣. 損者三友, 友便辟 友善柔, 友便佞, 損矣.)

내 자신이 다른 친구에 대하여 과연 이 여섯 종류의 벗 중 어디에 해당할 것인가.

6.

인간 세상에서 사람과 사람 사이에서 일어나는 여러 가지 일들은 2천 년 전이나 지금이나 본질적으로는 아무 차이가 없다.

현인(賢人) 황제 마르쿠스 아우렐리우스는 명상록에서 다음과 같이 말한다.

공사를 막론하고 싸움에 휩쓸려 들어갔을 때에는 때때로 그들의 분노와 격렬한 패기로 오늘까지 알려진 사람들, 저 유명한 격노와 그 동기를 생각하고, 고래의 큰 싸움의 성패를 생각하라.

그들은 지금 모두 어떻게 되었으며 그들의 전진(戰塵)의 자취는 어떻게 되었는가!

그야말로 먼지요, 재요, 이야기요, 신화 아니 어떡하면 그만도 못한 것이다.

그리고 이들에게 공통한 것이라고는 다만 그들의 목숨이 짧다는 것뿐이다.

그럼에도 불구하고, 너는 마치 그들이 영원한 목숨을 가진 것처럼, 미워하고 사랑하려고 하느냐?

얼마 아니 하여서는 네 눈도 감겨지고, 네가 죽은 몸을 의탁하였던 자 또한 다른 사람의 짐이 되어 무덤에 가는 것이 아닌가?

7.

청도대형 이형준 학형이 세상을 떠난 지도 어언 2년여가 된다.

청도의 그의 비행기 공장을 방문하면 여러 친구들을 앉혀 놓고 입도 안 아픈지 신나서 몇 시간이고 늘어놓던 장광설. 그 수많은 얘기보따리 중에서 오늘은 그를 본 중 거의 마지막에 속하는 것이 기억난다.

"칼을 들고 위협하는 것 같은 것은 하수들이나 하는 방법이라구. 칼을 드는 것은 상대방을 공격하기 위하여 어쩔 수 없는 것처럼 보이지만, 칼을 든다는 것 자체가 자신을 보호하려는 행위이고 상대방이 무섭다는 얘기거든. 그러나 그것보다도 더 좋은 것은 요즘 겨우 알게 된 건데 지면서도 이기는 방법이 있더라구…."

자신 있음의 극치에는 이기는 것보다는 지는 것이 있다던가.

오늘따라 형준이의 굵직한 목소리가 그립다.

2009. 7.

손목시계의 추억

매일 아침 한 시간씩 운전을 한다.

따로 운동을 할 시간도 없는 형편이라 버스 타러 나가는 동안이나 전철 바꿔 타는 시간에 조금씩 걷는 것도 쌓이면 꽤 운동이 되는 것을 절감한 터였다. 그런 이유도 있어서 대중교통기관을 이용하는 것을 선호하고 있지만 여덟 시에 집에서 나와 아홉 시까지 직장으로 출근하려면 운전을 해서 가는 것 이외에는 다른 방법이 없다.

외곽순환도로의 일산에서 송추 구간을 지난 다음 송추IC에서부터 시작하는 지방도로 산골길을 운전해서 출퇴근을 하는 코스인데 처음에는 아침마다 운전을 해야 한다는 것이 편하지 않았으나 그냥 생활의 일부로 받아들이기로 하는 수밖에 없다고 생각했는데, 몇 달 습관이 들다 보니 서울 시내에서와 같은 교통 정체가 없고 차창 밖으로 철마다 변하는 북한산의 산세를 보면서 드라이브하는 재미가 있었다.

운전 중에는 라디오의 음악 프로그램을 켜 놓고 다니는데 여자 아나운서가 진행하는 KBS FM의 아침 프로그램의 중간에는 '사물(事物)에게 말 걸기'라는 코너가 있어서 가끔 귀를 기울이게 된다. 청취자들로부터 휴대전화의 문자 메시지로 '오늘의 사물'에 대한 코멘트를 보내게 하고 그중 잘된 것 몇 개를 선택해서 소개를 하는 것이다.

며칠 전에는 그날의 사물로 '손목시계'를 제시했었는데 이에 대해서 어떤 청취자가 보낸 메시지가 인상적이었다.

"대학에 들어가던 해 아버지는 제일 좋은 손목시계를 사 주셨다. 처음에는 너무 좋아서 차고 다녔으나 차츰 그 시계는 내 손목 위에 있는 시간보다 술집이나 전당포에 있는 시간이 더 많아졌다. 지금은 없어진 그 시계와 세상에 안 계시는 아버지가 보고 싶다."

시간을 알기 위해서는 늘 가지고 다니는 휴대전화의 화면을 보기만 하면 되는 시대이니 손목시계도 멋으로 차는 세상이 되고 말았다. 여자들은 패션시계라고 하여 그날 입는 옷에 맞춰서 그에 맞는 모양의 시계를 차기도 한다.

내가 처음으로 시계를 차본 것은 중학교를 다닐 때였다. 아버지가 차고 계시던 에니카(ENICAR) 손목시계를 물려받은 것이었는데 아무 장식도 없는 하얀 바탕의 동그란 화면에 최소한도의 눈금만 있는 시계였다. 문자판 위의 투명한 커버가 가끔 벗겨지는 바람에 시계바늘이 노출되어 버리는 불상사도 있었다.

그래도 이 시계를 차던 시절은 칭찬도 많이 듣고 근심 걱정 없던 중학교 시절이었다. 부모님이 젊고 동생들도 잘 자라고 집에 있는 텃

밭에서 옥수수도 잘 자라던 행복하던 시절이었다. 고등학교 입학시험을 보는 시험장에 이 시계를 차고 들어갔고 입시에 합격하는데 일조를 한 시계였으니 복이 있는 시계이기도 했다.

그 이후로 여러 개의 시계가 내 손목 위를 지나갔다.

결혼할 때 아내로부터 예물로 받은 시계는 론진(LONGINE) 시계였는데 10년 이상을 차고 다니던 이 시계가 고장이 나서 고치러 갔을 때 시계방 주인은 분해를 해 보더니 부속품이 마모된 것이 있어서 교체해야 한다고 했다. 그런데 오래된 시계라서 부속품을 구할 수 있는지 잘 모르겠으니 기다려 보라고 했다. 며칠 후에 찾아갔을 때 시계방 주인은 부속품은 구할 수 있다고 했지만, 그가 제시하는 수선료와 부속품 값을 합쳐보니 쓸 만한 새 시계를 하나 살 수도 있는 액수였다. 낡은 시계를 고쳐서 쓰다 보면 다른 부속품은 고장이 나지 않으리라는 보장도 없다는 생각이 들어서 그 시계는 고치지 않기로 한 것이 기억난다.

이미 시계가 귀중품이 아닌 시대로 접어들고 있었다.

지금은 내가 시계를 몇 개나 가지고 있는지도 모른다.

책상 서랍을 열어 보면 전에는 차고 다니다가 지금은 사용하지도 않는 시계들, 고치는 것을 포기한 예물시계, 선물 받은 시계들, 그리고 여행지에서 사 온 시계가 있다.

모두 다 사용하지 않는 시계이다.

집의 애들도 어렸을 때 어린왕자 그림이 있는 예쁜 시계를 사 주었으나 거의 사용하지 않는 것 같았다.

이제 손목시계는 구시대의 유물로 되고 마는 것인가.

몇 년 전 친구들과 중국 청도에 여행 갔다가 짝퉁시장인 쯔물루(卽墨路)시장에서 그중 괜찮아 보이는 시계를 5개를 골라 흥정을 해서 4만원에 구입해서 친구들과 나눠 가졌다.

2006년 11월에 샀는데 4년이 지난 지금까지 리치움 전지를 한 번 갈았을 뿐 시간도 너무 잘 맞는다.

가짜이긴 하지만 명품 라벨이 붙어 있어서 롤렉스 시계를 차고 있다는 기분을 낼 수 있다는 것과 시계의 기본적인 기능인 시간을 알려 주는 것에서 부족함이 없다는 점이 아직도 이 시계를 내 손목 위에 머무르게 하고 있나보다.

직장에서 하루 종일 같이 일하는 직원들도 원장이 차고 있는 시계가 가짜일 것이라는 의심을 하지 않고 있으니 가끔 마주치는 사람들은 더욱 내가 짝퉁 시계를 차고 있을 것이라는 생각을 안 할 것이다.

손목시계의 긴 바늘과 짧은 바늘은 하루 종일 쉬지 않고 돌아가면서 우리에게 시간을 가르쳐 준다.

한때 유행하던 전자 손목시계는 액정 화면에 숫자로 시간을 나타냈다. 만일 시각 장애가 있어서 앞을 볼 수가 없다면 어떻게 시간을 알 수 있을까?

공공기관의 옥상에 있는 시계나 사무실의 벽에 붙어 있는 시계나 모두 보는 능력에 지장이 없는 사람을 위한 것이다.

앞을 못 보는 사람에게 있어서는 밤과 낮의 차이도 의미가 없으니 오직 시간의 의미가 현재 몇 시인가를 인식하는 데서 시작할 수밖에 없다.

그러므로 시각장애인에 있어서는 차고 다니는 손목시계가 더욱 절실할 수밖에 없다.

아버지가 오랫동안 눈병을 앓으시고 수술의 부작용으로 시각 장애가 왔을 때 나는 시각장애인용 손목시계를 사 드렸다.

세팅해 놓기에 따라 다르지만 이 시계는 매 시간마다 사람의 목소리로 시간을 알려 주었고 시간을 알고 싶을 때는 버튼을 누르면 영어로 멘트가 나왔다.

우리나라도 좋은 시계를 만들어 내는 기술을 가지고 있지만 이런 특수 목적의 시계는 미국산이 정확하다고 해서 미제로 사 드렸던 것인데 한국인을 위한 소프트웨어가 내장되지 않았는지 시간을 알려 주는 목소리가 영어로 나왔다.

매 정시에는, "It's 10 o'clock PM" 소리가 났고, 버튼을 누를 때에는 "It's 10:55 PM" 소리가 나는 식이었다.

아버지는 손목시계를 언제 어디서나 착용하고 계셨다.

어디선가 시간을 알려 주는 영어 목소리가 들리면 근처에 아버지가 계시다는 뜻이기도 했다.

아버지가 별세하신 후에도 이 시계는 몇 년간을 더 돌아갔다.

살아계셨을 때 갈아 끼웠던 리치움 전지의 수명이 아직 남아 있었던 것이다.

건넛방의 서랍장의 한 서랍 속에 시계를 넣어 두었던 것인데 낮에는 환경 소음이 있어서인지 들리지 않았으나 늦은 밤이나 잠을 자다가 깬 새벽에는 시계 소리가 들렸다.

아버지는 안 계셔도 아버지의 한 분신이 내 근처에 있다는 생각은 아버지가 내 곁을 영영 떠나셨다는 상실감을 조금 보완해 주는 효과로 작용하여 위안이 되었다.

지금 이 자리에는 없더라도 그 목소리와 눈빛을 느껴볼 수 있는 사람이 세상 어디엔가 있다는 것과 어디에도 그가 없다는 것은 같지가 않았다.

사용법을 설명해 드렸을 때, 피할 수 없는 현실 앞에서 풍상을 겪으신 분답게 자신의 장애에 대하여 비관하는 모습 없이 흥미를 가지고 이것저것을 꼼꼼하게 물어보시던 아버지의 생각이 난다.

배터리의 수명이 다해가면서 시계에서 나는 소리도 차츰 쇠잔해 갔다.

어느 늦은 가을밤 잠을 자다가 깨었을 때 시계 소리 때문에 잠을 깨었다는 것을 나는 알았다. 이제는 배터리가 거의 다 되었는지 무슨 소리인지도 알 수 없는 기괴한 소리였다.

주인은 한 줌의 재가 되어 항아리에 담겨 있어도 이 가을밤 너는 주인을 위하여 마지막 힘을 다하여 시간을 알려주고 있구나

잘했다 애썼다 리치움 전지여 너는 너의 할 일을 다했다

잘도 돌아갔었다 시각장애자용 시계여 이제 그만 쉬어라

너도 수명을 다하고 나면 누가 너의 주인만큼 너를 필요로 하리

2010. 10.

송년유감

1.

"디셈버는 윈터버케이션이 시작되고 크리스마스에 뉴이어가 닥치니 참으로 플레져한 피리어드로군."

교교 시절 국어책에 나온 어떤 문장이다. 우리의 언어생활에서 외래어를 분별없이 쓰면 문장이 얼마나 꼴사나워지는지를 설명하기 위하여 본보기로 들었던 예문이었다.

이 이상한 문장을 지금까지 기억하고 있고, 연말이 되면 가끔 떠오르기까지 하는 것은 그 꼴사나움에도 불구하고 그 속에 담긴 내용이 연말연시의 즐거운 분위기를 잘 나타내주기 때문이다. 지금도 이 문장을 생각하면 입가에 웃음이 저절로 떠오르니 즐거울 일 많고 행복한 일 많았던 학창 시절이었다.

2.

1968년 고2의 겨울방학이 시작되던 날이었다.

우리는 평소에는 점심을 먹기 시작하던 시간쯤에 교문을 뒤로 하고 신문로로 나섰다.

겨울방학이 시작되던 날의 즐거움을 배가시킨 것은 1년에 한두 번 있었던 단체 영화 관람이 그날 있었던 것이다.

영화 제목은 「닥터 지바고」였다. 혁명의 소용돌이 속에서 러시아의 설원(雪原)을 무대로 하여 펼쳐진 로맨스.

시인 기질이 좀 있는 정도가 아니라 시인과 의사의 두 가지 직업을 겸업할 정도로 재능 많고 염복도 많았던 닥터 지바고가 러시아 혁명의 와중에서 군의관으로 종군하여 전상자를 치료하면서 귀족적인 토냐와 운명의 여인 라라 사이를 오가는 러브 스토리는 꿈 많고 포부 많던 청춘의 가슴을 터지게 했다.

3.

12월도 19일이다.

금방 눈발이라도 흩날릴 듯 하늘이 흐리다.

아닌게 아니라 내릴 곳을 찾지 못해 날아다니는 듯한 눈발 두어 개가 보인다.

12월이 시작되면서부터 두어 곳의 망년회에 참석했고 금년이 가기 전에 또 두어 곳의 망년회에 참석하기로 되어 있다.

나이가 들어가니 술을 안 마시거나 못 마시는 친구들의 숫자가 늘어간다.

두주불사(斗酒不辭)하던 왕년의 주호(酒豪)들도 조그만 잔을 앞에 놓고 한 모금씩 홀짝거리며 술을 아낀다.

4.

며칠 전에는 막걸리를 퍽이나 좋아하던 한 친구의 부음(訃音)을 들었다.

시 좋아하고 막걸리 좋아하고 포부 남다른 친구였다.

그의 시대가 끝났다.

그리고 나의 청춘 시절을 구성하던 것들의 한 귀퉁이가 무너져 내린다.

누구는 해야 할 일을 다 못하고 세월이 흘러가는 것을 아쉬워하는데 누구는 그의 시대를 끝내고 있는 것이다.

어려운 의학 공부를 마치고 의사가 되고, 꿈같은 사랑을 하고, 세상을 향하여 포부를 펼치고….

하려고 했던 일은 무엇이고 해야만 했던 일은 다 무엇인가?

세월과 운명은 개개인의 잡다한 사정 같은 것은 일일이 챙겨주지 않는다.

5.

여러 곳에 문상을 다녔지만 대개 친상(親喪)이거나 처갓집 어르신의 상이었다.

상주의 우울한 마음을 덜어 주기 위하여 장수하고 돌아가신 분에게는 호상(好喪)이라고 하고 문상객들은 짐짓 떠들썩한 분위기를 조성하기도 한다.

금년 12월에는 두 명의 친구가 사흘 간격으로 별세했다.

이런 현상은 한 번으로 끝날 것이 아니고 앞으로도 이어질 걸 생각하니 마음이 쓸쓸하다.

이 거리를 떠나고 나면 어떻게 되는가?

세상 사람들은 잠시 슬퍼하는 척하다가 곧 잊을 것이고 조금 더 후에는 그런 사람은 애초에 있지도 않았다는 듯이 세상은 바쁘게 돌아갈 것이다.

일국의 제왕이나 일세를 풍미하던 영웅이 결국 한 가지 길을 걸어가던 것을 우리는 보아왔다.

하물며 필부의 운명에 있어서랴….

6.

새로운 해를 맞이하기에 앞서서 한 해를 보내려니 마음이 착잡하기 짝이 없다.

착잡하다는 것은 여러 가지 정서에 동시에 사로잡혀서 갈피를 잡을 수가 없다는 말이 되는데 그중 가장 큰 줄기는 2014년으로 대표되는 지금까지 살아온 나날 동안에 완수하기를 바랐던 일들의 처리가 그렇지 못했다는 것이고 앞으로 주어진 세월과 건강이 충분하지 않다는 자각이 든다는 뜻이 될 것이다.

보내야 하는 해의 세모에 어렴풋이 기억에 남아 있는 시조를 한 수 읊어본다.

壁上에 걸린 칼이 보믜가 나단말가

功없이 늙어가니 俗節없이 만지노라
어즈버 丙子國恥를 씻어 볼까하노라

영조(英祖) 때의 가객이라는 김진태(金振泰)라는 분이 쓴 것으로 되어 있는 시조이다.

병자호란의 국치를 씻는 것이 당시의 시대정신이었으므로 이런 시조가 쓰여졌지만 이룬 것 없이 늙어가는 사내가 녹슬어가는 칼을 만지작거리면서, 세월의 많이 남아있지 않음과 몸의 예전과 같지 않음을 의식하면서 삶을 영위하는 것 자체가 막막하다는 생각을 가지는 것은 예나 지금이 다름이 없다.

7.

서두에 나온 문장을 어법에 맞도록 고쳐 써 본다면 아래와 같이 될 것이다.

"12월은 겨울방학이 시작되고 크리스마스에 새해가 닥치니 참으로 즐거운 시절이로군."

복잡하고 우울한 것의 표면에 단순하고 즐거운 것이 있다.

두 가지 빛깔이 섞여서 이발소를 표시하는 줄무늬 등처럼 돌아간다.

이게 한 해를 보내는 12월의 정서다.

2014. 12.

7

글쓰기, 고쳐쓰기

신묘잡기(辛卯雜記)

2011년이 온 지도 두 달이 가까워 온다.

1952년 임진(壬辰)년에 출세(出世)한 이후로 59년째 지구의 대기를 호흡하고 있으니 10년마다 한 번씩 돌아오는 간(干)과 12년마다 돌아오는 지(支)의 조합으로 이루어지는 간지(干支)를 아직까지는 한 번도 중복되지 않은 새로운 것으로 해마다 맞이하여 왔으나 그것도 금년 신묘(辛卯)년이 마지막이 된다.

2012년 임진년부터는 앞으로 오는 모든 해를 간지로는 두 번씩 겪는 것이 되니 이제 환갑을 한 해 앞둔 인생이 되는 것인가.

생월이 음력으로 5월이라서 엄격히 적용했을 때 52년 4월 1일 이후에 태어난 사람은 한 학년 아래의 반에 들어가는 것이 옳았으나 어머니가 동사무소 직원에게 "다 큰아이 집에서 놀면 뭐합니까?" 하고 졸라서 취학통지서를 받아왔다고 들었으니 참으로 허술하던 시절이었다.

초등학교에 다니는 어린이가 처음으로 세계지도를 보게 되었을 때의 느낌은 우리가 사는 한국이 코딱지만 한 작은 나라라는 것이었고 그 눈에 띄지도 않는 손톱만 한 땅 중에서도 남쪽만이 우리나라라는 것을 알았을 때 이에 대한 실망은 어린 가슴에 새겨지게 된다.

손수건 위에 이름표를 붙여서 달고 다니던 어린이는 학년이 올라감에 따라 역사부도를 보게 되는데 우리 역사에는 고구려라는 나라가 있었고 이 나라는 전성시기에 한국 역사상 최대의 강역을 가졌던 나라라는 것을 배우게 된다.

그 빛나는 고구려의 황금시대의 주인공인 광개토대왕과 을지문덕 장군의 이름을 배우면서 어린이의 가슴은 터질 만큼 부풀어 오른다.

분단된 나라의 어린이는 동네 뒷산에 있는 교회의 주일학교에 다니면서 기도하는 것을 배우게 되는데 밥 먹을 때마다 남북통일뿐만 아니라 고구려의 옛 땅까지 회복하게 해 달라는 기도를 드리게 된다.

60년 전의 신묘년인 1951년에는 한국전쟁이 일어난 다음 해로서 북진통일을 목전에 둔 상황에서 중공군의 개입으로 1월 4일에는 수도 서울을 다시 적군에게 내어주게 되는 일이 생기고 전선은 남쪽으로 이동하여 지금의 휴전선 근처에서 참호전의 양상으로 바뀌게 된다.

그로부터 60년 전인 1891년은 고종 28년인데 일제에 의한 수탈이 차츰 에스컬레이터 되던 시기로 흉년으로 말미암아 국내에도 부족한 양곡을 일본으로 헐값으로 수출하는 것을 금한 조치인 방곡령(防穀令) 사건이 2년 전에 있었고 동학 교도들의 교조신원운동(1892)이 있던 전 해이다.

3년 후인 1894년에는 조선에 대한 헤게모니를 겨루는 청일 양국간의 한판승부가 한반도 내에서 있었으니(청일전쟁) 일본과의 악연은 참으로 끈질기다고 하겠다.

이런 식으로 역사를 거슬러 올라갔을 때 27번 전의 신묘년인 서기 391년에 한반도에는 무슨 일이 있었을까?

만주의 집안현에서 1833년 광개토대왕비가 발견되었는데 그 내용은 세 부분으로 되어 있다. 앞부분에는 고구려의 개국 설화가 소개되고 있고 다음에는 왕의 훈적이 나와 있으며 마지막 부분에는 묘지기에 해당하는 수묘인(守墓人)제도에 대하여 기술하고 있다.

이 비석에는 동북아 3국의 학자들의 초미의 관심이 집중되고 있는 부분이 있는데 이것이 소위 '신묘년 기사'라고 하는 것이다. 391년 신묘년은 광개토대왕이 18세의 나이로 즉위한 해이기도 하다.

광개토대왕비의 내용과 김부식이 쓴 삼국사기의 광개토왕조를 종합해 보면 고구려는 왕이 즉위할 당시에 누대에 걸쳐서 백제와 전쟁을 하고 있었는데 백제에 조금 밀리고 있는 상황이었고, 지금의 북경 지방에 있던 후연 정권과도 수시로 교전을 하고 있는 상태였다.

당시에 왜라는 이름으로 불리던 일본은 신라에 입구(入寇)해 있었으며 호태왕은 성안이 적으로 가득 차서 노예 상태에 있던 신라를 구원하기 위하여 5만명을 파병했다는 기록이 보인다.

신묘년 기사란 무엇인가?

호태왕비에는 '倭以辛卯年 來渡海破 百殘 OOO羅 以爲臣民'이라고 써져 있는 부분이 나오는데, 당시 일본의 관변 사학자들은 이것을 '왜가 바다를 건너와서 백제와 신라 등을 깨트리고 신민으로 삼았다'라고 해석하고 4세기 후반 신공황후(神功皇后)가 한반도의 남부지역을 정벌했다는 '일본서기(日本書記)'의 기사를 뒷받침하는 것이라고 주장했다.

광개토왕비

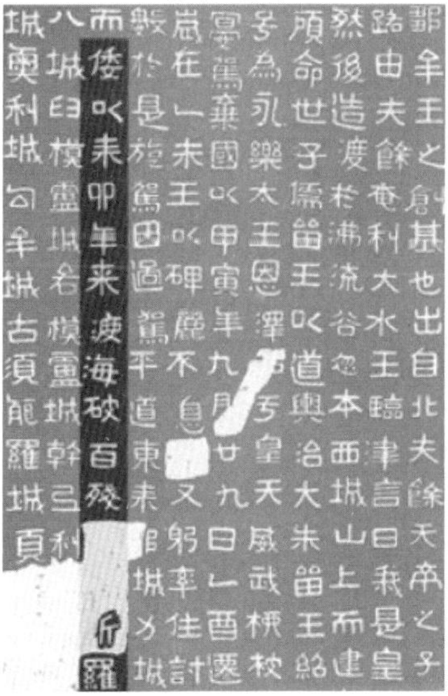

660년 나당연합군에 의하여 백제가 멸망하고 나서 국호를 왜에서 일본으로 바꾼 이후 긴 역사를 통하여 기회 있을 때마다 일본은 한반도에 들어가려고 시도했었으며, 당시의 상황은 군벌이 발호하기 시작했고 정한론(征韓論)이 대세를 이루던 명치시대로 접어들고 있었다.

침략에 앞서서 역사를 조작하여 침략의 정당성을 확보하는 것이다.

비 오는 날 길에서 스승을 만났을 때 흰색 두루마기가 진흙탕에 버려지는 것을 아랑곳하지 않고 큰절을 올렸다는 위당 정인보와 누구한테도 고개를 숙일 수가 없어서 얼굴을 똑바로 들고 세수를 했다는 단재 신채호를 비롯한 다수의 사학자들이 이 구절에 대한 독자적인 해석을 시도했으며 중국과 일본의 학자들도 이에 대한 나름대로의 설을 주장했다.

그러나 확실한 것은, 일본 육군참모부의 사쿠오(酒句景信) 중위처럼 목적을 가지고 변조했던지 탁본을 떠서 파는 것을 생업으로 하는 인근 주민의 경우처럼 역사를 왜곡하고 있다는 인식 없이 변조했던지 간에, 비문에 회칠을 했다는 사실이다.

세월이 지나서 회칠이 벗겨져 감에 따라 분명해 보였던 글자도 다른 글자로 판독이 가능하게 되었다.

이에 따른 여러 가지 해석이 제기되고 있지만 이를 소개하는 것은 본고의 주제를 넘는 것으로 생각한다.

선비족인 모용(慕容)씨의 후연(後燕)은 4세기 말에서 5세기 초까지 화북지방에 23년간 존재했던 왕조인데 고구려의 영토 700리를 잠식한 적도 있었으나 광개토대왕에 의하여 요동을 뺏기고 패퇴한 이후로 멸망의 길로 가게 된다.

방어용으로 만들어진 만리장성은 성 바깥쪽의 유목민에게는 오히려 좋은 타깃이 되었으며 장성을 넘어온 유목민족과 황하변에 정주하고 있던 농경민족이 번갈아 중국 대륙의 주인이 되었고 그들의 유전인자가 섞여서 중화민족이 이루어졌다.

여러 개의 나라로 나뉘어져 있던 중국이 통일되면 한반도의 안보에는 적신호가 켜졌고 그들이 분열되면 한반도에 평화가 찾아왔다.

기본적으로 생산이 부족해서 자력갱생이 안 되는 열도의 인민들은 평소에는 왜구의 모습으로 반도와 중국의 남부 해변을 노략질했고 내부가 통일되면 정규군의 형태를 갖추고 한반도에 들어왔다.

한반도는 대륙으로 들어가려는 일본의 힘이 소진되는 곳이며 일본에 들어가려는 중국의 힘이 소진되는 곳이었다. 두 힘은 자주 한반도 내에서 충돌하였으며 그럴 경우에 반도에 사는 인민들은 어육이 되어 주어야 했다.

남자들은 포탄을 지게에 짊어지고 고지의 정상까지 운반해야 했으며 여자들은 먼 곳으로 끌려갔다.

처음부터 반도 내에 있었거나 나중에 들어온 사람들은 한반도를 자기의 것으로 만들려고 하는 자들을 막아내는 과정에서 하나의 민족이 되었다.

유목민족과 농경민족의 교호작용에서 중국이 만들어졌다면 한반도라는 다리를 빼앗으려 하는 자들과 그 위로 건너가려는 자들을 막아내는 과정에서 고대 한국이 만들어졌다는 것은 시사하는 바가 크다.

역대의 한반도의 통치자에게는 다른 나라의 통치자들처럼 자기의 인민들을 잘 먹여 살리는 기본적 책무에 더하여 그들의 생활공간인 이 다리의 안전을 확보해야 하는 책임이 주어졌다.

광개토대왕은 다리의 북쪽 입구와 남쪽 입구에 들어오려는 자들을 잘 막아낸 것뿐 아니라 교량의 안전지대를 크게 확보한 것으로 평가할 수도 있겠다.

신묘잡기(辛卯雜記) 2

우리나라는 남북에 일본과 중국을 두고 때로는 이들과 잘 지내고 때로는 적으로 맞서면서 수천 년을 지속하였으나 근세에 이르러서는 한국을 중심으로 한 무대에 다른 두 나라가 새롭게 등장했으니 이는 러시아와 미국이다.

유라시아 대륙에 속하는 모든 나라들의 북쪽에 있는 러시아는 부동항을 찾아서 끈질기게 남진정책을 써 왔는데 1858년 네르친스크조약과 1860년 북경조약으로 청으로부터 연해주를 넘겨받음으로써 두만강이 동해로 빠지는 하구의 북쪽 일부 지역을 얻었고 이로써 한국과 국경을 맞대고 있는 세 나라 중의 한 나라가 되었으며 이는 한말의 정세에 일정한 영향을 미쳤다.

명성황후가 시해된 을미사변 이후에 친로파라고 하는 정치인의 그룹이 생겼으며 독립국의 군주가 남의 나라의 주한공사관에 옮겨가서 기거하는 이른바 아관파천이라는 기막힌 사태로까지 발전하였으나 노일전쟁의 패전과 공산주의 혁명이라는 내우외환으로 말미암아 러시아의 세력은 한반도와 만주에서 퇴출되어 버리기에 이른다.

미국은 서세동점의 물결을 타고 1866년 대동강에서 제너럴셔먼호 사건을 일으키면서 대원군 집정 조선의 문을 두드렸고 1871년 함대를 몰고 와서 신미양요(辛未洋擾)를 유발하였으나 조선의 쇄국을 깨지는 못했다.

대원군의 섭정 기간이 지난 후인 1882년에 조미수호통상조약(朝美修好通商條約)을 체결하였으니 이는 조선과 구미 국가 사이의 최초의 수호통상조약이었다.

이 조약의 제1조에는 '불공경모(不公輕侮)'라는 구절이 있었는데 이는 제3국으로부터 부당하게 업신여김을 당하면 서로 돕는다는 뜻으로 이리와 승냥이 같은 제국주의 국가들로 둘러싸인 국제정세 속에서 고립무원인 조선의 고종으로서는 미국을 외세의 침략으로부터 막아줄 바람막이로 여기고 의존하는 바가 컸었다.

그러나 고종이 철석같이 믿었던 미리견(美利堅)*의 백리새천덕(佰里璽天德)* 시어도어 루스벨트는 조선의 등에다 칼을 박는 행위를 하고 있었으니 필리핀에 대한 미국의 권리를 일본이 인정해 주는 대신 조선에 대한 일본의 지배권을 묵인하는 밀약을 맺은 것이다.

1905년 도쿄에서 미국의 국무장관인 태프트와 가쓰라 다로(桂太郎) 일본 총리 사이에 이틀 동안의 회담이 있었는데 이때 합의된 내용이 정식 문서로 만들어져 서명되지는 않았으나 회의록의 형식으로 기록

된 것이 가쓰라-태프트밀약이다.

그 내용은 1924년이 되어서야 일부 공개가 되었는데 이는 조선과의 조약을 위반한 것이라는 언론의 지적에 대하여 루스벨트는 이렇게 말했다고 한다.

"조약은 대한제국이 스스로를 잘 다스릴 수 있다는 잘못된 가정에 의거한 것이다. 대한제국은 자치나 방어에 있어 완전히 무능했다."

일본은 청일전쟁과 노일전쟁에서 승리함으로써 한반도에 대한 양국의 영향력을 거세하였고 영국으로부터는 러시아의 남하정책을 막아 준 대가로 영일동맹을 얻어냈으며 미국과의 밀약으로 한반도와 만주에 대한 권리를 확립하였다.

마을의 재앙을 막기 위하여 이무기에게 바쳐진 처녀는 음침하고 적막한 산신각에서 공포에 떨면서 이무기의 이름을 빌린 폭한이 나타나기만을 기다릴 수밖에 없었는데 이즈음의 대한제국의 처지가 이와 같았다.

이제 어느 누구의 눈치도 볼 이유가 없어진 일본은 가쓰라-태프트밀약이 맺어진 지 100여 일 만에 본색을 드러내고 이른바 을사보호조약(을사늑약)을 체결해 냄으로써 서기 391년의 신묘년 이후로 1500년의 숙원사업이던 한반도 병탄사업을 이룩하였다.

*조미수호통상조약의 원문에는 '아메리카'와 대통령(프레지던트)이 한자로 표기되어 있다.

중국어 공부

청춘은 대학 입학과 함께 시작된다.

적어도 우리가 고교를 졸업하던 1970년대에는 그랬다.

대학에 다니기 시작할 때쯤 앞으로의 희망이 무엇이냐고 누가 물어 본다면 여러 장의 장밋빛 그림을 펼쳐 보이겠지만 그중에 5개 국어를 능통하게 구사하는 그림도 젊은이라면 누구나 가지고 있었을 것이다.

한국어에 대해서는 말할 것도 없겠고, 영어는 중학교 고등학교 시절 내내 안현필의 『영어실력기초』에서 시작하여 A. W. Medley의 『삼위일체』를 거쳐서 얼마 전에 작고하신 송성문 선생의 『정통종합영어』와 동아출판사의 『완전영어』에 이르기까지 날밤 새워가며 공부했으니 대학에서 회화만 조금 더 공부하면 될 것 같았고, 고교 시절 제2외국어로 독일어를 손바닥 맞아가면서 빡세게 공부했으니 3개 국어는 이럭저럭 해결되는 것이고, 가까운 나라라서 언어와 생활 관습이

유사하므로 어려울 것이 없을 것 같은 중국어와 일본어만 하면 5개국의 언어를 능히 구사할 자신의 미래 모습을 그려보곤 했었다.

그 시절에는 데모도 많았고 휴업령도 자주 발동되어 어떤 해는 몇 달 다니지도 않았는데 한 학년이 지나간 일도 있었다.

이렇게 집에서 하릴없이 시간을 보낼 때 서점에서 일본어 교본을 사다 놓고 공부를 해 보지만 장하게 나선 일본어 독학의 길은 며칠을 가지 못하고 부모님 졸라서 산 책은 앞의 몇 페이지만 본 흔적이 있고 결국은 읽지도 않은 헌 책이 되고 만다.

『가장 쉬운 중국어 첫걸음』이라는 중국어 교본을 구입한 것은 2006년쯤 되는 것 같다. 이 책을 펴낸 동양문고에서는 책을 더 많이 팔 목적으로 각 단원을 강의한 동영상을 홈페이지에 올려놓았는데 한 챕터씩 읽어보고 미모의 젊은 여강사의 강의를 들으면 그럭저럭 진도가 나갔다.

새로운 언어를 배운다는 호기심과 더불어 우리가 잘 아는 것으로 알고 있는 한자가 본고장인 중국에서는 이렇게 발음되고 있다는 것을 알아가는 것이 재미있었다.

중국의 언어학자들은 병음(拼音)이라는 것을 만들어 냈는데 알파벳을 빌려서 중국어의 발음을 표기하는 방식이다. 병음은 발음하는 방식은 알파벳과 유사하지만 같지는 않다.

Don Juan이라고 써 놓고 영미권 사람들은 '돈 주안'이라고 읽지만 스페인 사람들은 '돈 후안'이라고 읽는다.

같은 로마자이지만 영국 사람과 스페인 사람이 읽는 방식이 다르듯이 중국 사람들은 병음으로 써 놓고 그들이 정해 놓은 방식으로 읽어 달라고 주문하는 것이 되니, 중국어를 공부하려면 우리가 지금까지 익숙해진 발음기호를 읽는 방식과 다르기는 하지만 그들이 원하는 대로 읽어 주는 수밖에 없다.

위의 단어가 병음이라고 가정한다면 '돈 쥐앤'쯤으로 발음될 것이다.

그다음의 문제는 성조(聲調)이다.

모든 한자에는 고유의 발음 이외에 성조라는 것이 있어서 소리의 높낮이를 나타내고 있는데 각 글자의 성조는 문장 내에서 단어의 위치에 따라서 바뀌는 일이 거의 없다.

같은 발음을 가진 글자라고 하더라도 성조가 다르면 다른 뜻이 되고 말기 때문에 성조를 무시하면 중국어가 아닌 것이 되고 만다.

네 가지로 되어 있는 성조를 따라 병음을 읽으면 자연스럽게 높낮이가 형성되어 중국어 특유의 억양이 만들어져서 비로소 무협영화에 나오는 중국말 같이 들린다.

중국어를 전공으로 하고 있는 대학생에게 물어보면 성조가 제일 어렵다고 한다.

처음에는 병음 위에 붙은 성조부호를 보고 읽는데 악기를 전공하는 학생이 하루만 그 악기를 연습하지 않으면 소리가 달라진다는 말이 있듯이 하루만 공부를 하지 않으면 성조를 잊어 먹게 되어 엉터리 중국어가 되고 만다.

그래서 중국어를 공부하는 친구들 사이에만 통용이 가능하고 정작 중국인에게 말하면 무슨 말인지 알아듣지 못하는 중국어가 되는 것이다.

이래저래 외국어를 공부하는 것은 역시 까다로운 일이다.

왜 중국어를 공부하는가?

세계에서 가장 많은 사람이 쓰는 언어는 영어나 스페인어가 아니라 인구가 13억인 중국 인민들이 쓰는 중국어이며 그 나라는 바로 우리의 이웃 나라이다.

'바람의 딸'이라는 이름으로 여행기를 써서 사람들에게 알려진 한비야 씨가 쓴 『중국견문록』이라는 책이 있다.

이 책을 읽고서 중국어를 공부해 보려는 마음이 생겼다고 할 수도 있겠다.

한 씨는 이 책에서 자신이 중국어를 공부하는 이유에 대하여 말한 부분이 있는데, 흔히 생각할 수 있는 대로 중국이 경제적으로 엄청난 발전을 하고 있어서 미구에 미국에 필적할 나라는 중국뿐이라는 것과 그런 나라의 언어를 습득하는 것은 자신의 가치를 격상시키는 것이기 때문에 중국어를 공부할 것이라는 예상을 여지없이 깨고, 파고다 영어학원에서 인기 강사를 했던 자신의 이력을 얘기하면서 언어를 공부하는 것 자체에서 즐거움을 느낀다는 거짓말 같은 말을 늘어놓는다.

취미로 중국어를 공부한다는 말이 된다.

그러나 다시 생각해보면 영화 감상이나 여행이나 골프를 취미로 하듯이 중국어 공부를 취미로 하는 것, 나쁘지 않다.

중국어 공부에는 단순한 외국어 공부 이상의 것이 있다.

중국어 공부를 하다 보면 우리의 언어와 관습 속에 녹아 있는 중국을 발견하게 된다.

그래서 중국어를 공부하는 것은 우리를 다른 측면에서 보는 것이 되고 내적으로 우리를 풍요롭게 하는 일이 된다.

우리나라와 접경하고 있는 나라 중 중국이나 일본과의 관계가 시작된 시기를 상고해 보면 우리나라의 역사가 시작된 시기와 거의 맞물린다.

동북아시아는 유럽, 아랍, 아메리카 등 여타의 세계와 격리되어서 독자적으로 발전해 왔으며 조선의 외교는 '사대교린(事大交隣)' 넉 자에 축약되어 있었다.

'중국을 큰 나라로 섬기고(事大) 일본과 이웃으로 사귄(交隣)다.'

조상들에게 있어서 세계는 중국과 일본과 조선으로 이루어져 있었다.

우리 조상들은 어린 시절부터 사서삼경으로 공부했고 불경을 읽으면서 마음의 안정을 찾았다.

불교와 유교적 교양이 정신의 밑바탕을 이루고 있었다.

구한말 서양을 먼저 배운 일본에 나라를 뺏기면서 우리가 원래 가지고 있던 것들을 다 쓸모없는 것으로 돌리고 서양을 공부하기에 바빴고 해방과 한국전쟁은 남에게 뒤질세라 미국과 영어를 배우는데 급급하게 만들었다.

전통적인 경학(經學)은 사람과 사람과의 올바른 관계, 사람과 하늘과의 관계에 주안점을 두어 올바른 삶의 길을 가르쳤다면 서양에서 유래된 현대 과학은 사람을 둘러싼 세계에 대한 지식을 가르쳤다.

서양의 근대 학문은 프로이디즘과 마르크시즘과 다위니즘과 자본주의를 낳았고 신자유주의를 낳았으며 자본주의 4.1을 뒷받침하는 데까지 진화했으나 무턱대고 끌어다 쓰기에만 급급하고 알맹이가 빈곤한 나라는 IMF 사태와 리먼브라더스 사태에 이르기까지의 파고를 방파제 없이 그대로 맞는 수밖에 없었다.

우리 세대는 성장기에 수만km 떨어져 있는 나라들의 언어만 배워 왔으며 지리적으로 이웃하고 있는 나라들의 언어는 배워 본 일이 없다.

죽의 장막이 걷혀지고 사회주의 시장경제라는 이름으로 갑자기 커진 중국이 우리의 일상생활에 큰 부분을 차지하기에 이르도록 우리 옆으로 바짝 다가와도 우리는 할아버지 시절의 사서삼경 이해(그나마 이제는 이에 대한 지식도 거의 사라졌다) 수준을 가지고서 중국을 알만큼 알고 있다고 생각했다.

중국을 아는데 가장 기본이 되는 중국어를 이해하는 사람도 별로 없어서 중국에 진출한 기업인들도 중국어 잘하는 조선족을 고용하면 다 된다고 생각했으나 중국인과 중국문화를 모르면서 일과 돈만 알고 중국에 진출한 경영인의 말로는 야반도주로 나타났다.

중국은 우리의 과거와 현재 그리고 미래, 전통 문화와 현재 생활 그리고 미래의 국가적 비전과 연결되어 있고 세계의 어느 나라보다도 우리와는 깊은 관계에 있다.

남의 것을 자세히 보면 내 것도 깊이 보이는 순간이 온다.

외국어를 배우느라고 시간을 소모하다 보면 국어의 여러 모습을 재발견하게 된다.

우리 국어학계는 뿌리 깊은 문법-말본 논쟁으로부터 시작하여 국한문 혼용에 이르기까지 합의된 의견을 도출해 본 경험이 별로 없다.

국어 단어의 상당 부분이 한자어로 되어 있으므로 국문에는 당연히 많은 한자가 포함되는데 이 같은 국한문혼용의 연원을 보면 훈민정음 반포 시기까지 거슬러 올라간다.

상용한자를 1,300자로 하느냐 1,500자로 하느냐 약자를 사용하느냐 정자를 사용하느냐 괄호 속에 넣느냐 괄호 밖으로 끌어내느냐 아예 순 한글로 하느냐 같은 끝도 없는 지리한 논쟁이 이어졌고 결론도 나지 않은 채 컴퓨터 시대를 맞이했다.

어문 정책이 표류하다 보니 용비어천가의 '뿌리 깊은 나무'와 함께 시작된 한글은 '뿌리 얕은 나무'가 되었으며 한글로 쓰여진 문건은 '뿌리 흔들리는 나무'가 되었고 이는 한국어로 생각하는 한국인의 정신세계에 부정적인 영향을 줌으로써 유행에 휩쓸림, 한건주의, 경조부박한 사회적 풍조 같은 세태를 낳는데 결과적으로 일조하게 된다.

우리 세대가 한자에 익숙한 것은 한자를 모르는 세대에 비하여 중국어를 배우는데 유리한 환경을 조성한다.

그러나 중국어 문장을 보면 생소한 한자들이 적지 않게 눈에 띄는데 이는 소위 간체자(簡體字)로서 진한(秦漢) 이전의 고자(古字)에서 유래되거나 초서(草書)에서 유래된 것, 현행 한자의 모양을 변형시키거나 일부만 살린 것들로서 한자의 복잡한 획수를 단순하게 줄인 것이다.

이에 대하여 전통적인 자체는 번체자(繁體字)라고 하는데 대만에서는 아직도 이를 고수하고 있다.

번체를 쓰던 것을 간체로 바꾸었다고 해서 의미가 훼손되거나 전달이 안 되는 것은 없다고 하며 결국은 번체자는 사용하는 사람이 없어지고 간체자로 바뀌고 말 것이라는 관측이 우세하다.

같은 한자문화권의 일원이 되는 입장에서 봤을 때 문화 창달을 위하여서는 자기 나라의 전통과 부합되는 한자 약자를 최소한으로 사용하여서 일한문혼용을 하고 있는 일본의 사례가 가장 바람직하다고 할 수 있을 것인데 이에 비하면 우리는 이미 국한문혼용의 시기를 놓쳤다고 할 수밖에 없다.

진료실에 조선족으로 보이는 사람이 왔을 때, 그가 우리말을 잘하는 것을 알지만 짐짓 중국어로 수인사를 건네 보면 반색을 하며 좋아한다.

어린 시절부터 중국 땅에 살면서 몸에 익은 말이라서 들으면 반가운 모양이다.

2011. 10.

방송대학과 경서

몇 년 전 미국 여행할 때도 비슷한 경험이 있었다.

중국의 복건성과 광동성 인민들은 이민 역사의 뿌리가 깊어 쿠리(苦力)나 쿡으로 2백여 년 전부터 신대륙에 진출했다고 하는데 샌프란시스코에 갔을 때 기념품 가게나 음식점에서 동양인으로 보이는 점원에게 중국어를 몇 마디 건네 보니 영어로 하는 것보다 의사소통이 더 잘되는 수도 있었다.

영어와 중국어를 섞어서 사용하면 양쪽 언어에 다 능통하지 못한 외국어 실력이 상호 보완이 되어서 좋았다.

외국어를 배우는 것은 책만으로는 절대 안된다는 것은 익히 알고 있었으나 자영업에 종사하고 있다는 현실과 퇴근 시간을 고려하면 좋은 외국어 학원이 몰려 있는 종로나 강남역까지 정기적으로 다니는 것은 불가능했다.

그래서 생각해 낸 것은 뜻을 같이 하는 친구들과 함께 원어민 선생을 초빙하여 공부하는 것이었다.

이때 선택한 교재는 북경어언대학(北京語言大學)의 출판부에서 나온 『301구(句)』라는 책이었는데 앞서 말한 한비야의 중국견문록에서도 소개된 바 있는 이 책은 중국어 공부하는데 정평이 나 있는 교재 중의 하나였다.

중국에 유학했었다는 제약회사 직원의 소개로 경희대학교에서 대학원 과정을 밟고 있는 조선족 유학생을 초빙하여 1주일에 두 번씩 모여서 세 시간씩 공부를 했는데 처음에는 쉬웠으나 뒤로 갈수록 어려워져서 예습을 해 오지 않으면 진도를 소화하기가 쉽지 않았다.

그날의 공부가 끝나고 나면 같이 공부한 선생을 모시고 근처 사당동 시장 안에 있는 조선족이 경영하는 중국식 꼬치구이 집에서 맥주 한잔해 가며 배운 것을 복습하곤 했다.

이렇게 3개월 동안 공부한 끝에 20개 챕터로 된 책 두 권을 뗐다.

어학 공부라는 것은 기본적으로 남의 나라 사람들이 태어나면서부터 일상생활에서 사용하는 말을 배우는 일이므로 그 나라 말을 평소에 사용하지 않는 외국인으로서는 무식하지만 외우는 방법밖에 없다는 것을 알고 있었으나 기억력에 금이 간지 이미 오래된 머리로는 외우는데 자신이 없으니 무슨 쉬운 방법이 없나 하고 꾀를 부리게 된다.

이 나이에 각고면려 끝에 약간의 지식을 이해하는데 성공하더라도 일상에서 사용하지 않으니 몇 달은 커녕 며칠만 가도 기억에 가물가물해졌고 이런 현상은 특히 성조에서 그랬다.

방송통신대학교 중어중문학과에 편입한 것은 2010년도였다.

중국어 공부를 시작할 당시에는 중국여행을 가이드 없이 하는 것 정도가 목표였으나 중국문화의 깊이와 넓이에 흥미를 가지게 된 이후로는 중국어로 된 책을 읽는 것을 목표로 삼게 되었다.

자기 나라에서 국문학(중국어)을 공부하지 않은 중국 선생은 문법적인 사항을 설명하는데 부족한 것이 있었고 외국인 용으로 만들어진 중국어 교재는 이해하기 어려운 부분이 많았다.

한국에서 초보자를 위하여 만든 중국어 학습서들은 내용이 천편일률적이었고 이 책이나 저 책이나 수준이 비슷하고 내용의 유사점이 많았다. 이렇게까지 전문적으로 공부할 필요가 있을까 하면서도 결국은 전부터 생각하던 방송통신대학의 문을 두드리게 된다.

방송통신대학의 편입은 한 과의 정원이 수천 명이나 되어 서류만 제출하면 합격할 수 있었으나 이수학점을 따지는 관계로 대학 재학 당시의 성적증명서를 제출하도록 되어 있는 것이 마음에 걸렸다.

요즘은 웬만한 서류 발급은 전산화되어 있어 대학의 홈페이지에서 발급이 가능한 것으로 알고 있어서 출신 대학에 문의해보니 그 대학에서도 의과대학 한 곳 만큼은 직접 와서 발급해 가라고 한다.

학교 다닐 때부터 여러 가지 방법으로 괴롭히더니 졸업한 지 수십 년 되는 사람에게도 그 버릇은 여전하다. 귀찮은 절차 때문에 방송통신대 입학을 포기할 생각까지도 하다가 향학열이 원수라 별 수 없이 신촌까지 가서 교학과에서 미리 전화로 부탁해 놓은 성적증명서를 떼어 오는 수모를 겪는 수밖에 없었다.

얼굴도 모르는 교학과 직원이 발급 과정에서 호기심에서라도 서류를 봤을 걸 생각하니 얼른 받고서 뒤도 돌아보지 않고 나왔다.

3학년으로 편입하는 것이 가능했으나 내 경우는 학위를 얻는 것이 목적이 아니므로 2학년으로 편입했다.

방송통신대학은 원래 대학에는 가고 싶으나 가정 형편상 진학을 하지 못하는 근로 청소년을 주된 대상으로 하여 만들어졌는데 지금은 평생교육 개념이 가미되어 스펙을 쌓고 싶은 직장인들이 많이 이용하고 그중에서도 공무원들이 많이 이용한다고 한다.

정규대학에 진학하지 못한 이들이 방송통신대학에 다니는 자신의 처지를 자조(自嘲)하여 '밥통대'라고 하였으나 지금은 잘못 발음되기 쉬운 '방통대'라는 이름보다 '방송대'라는 말을 사용하고 스스로를 '방송인'이라고 일컫는다고 하니 개그맨이나 가수 같은 연예인들이 스스로를 포괄적으로 지칭하여 '방송인'이라고 말하는 것과 혼동될 것이 걱정되었다.

동 대학에 적을 두고 있는 필자 역시 '방송인'의 한 사람이므로 이하의 글에서는 국립방송통신대학교에 대하여 '방송대'라는 약칭을 쓰기로 한다.

어학 학원에 다니는 것보다도 작은 액수의 등록금을 내면 방송대 입학이 가능한데 입학 후 방송대의 인터넷 홈페이지에 가입하고 나면 그 많은 동영상 강의와 음성 강의 및 자료에 무제한으로 접근이 가능하다.

방송대에서 중국어를 수강하는 것은 여타의 어학교재 및 강의와는 비교가 안 될 정도로 내용이 알차고 수준이 높으며, 교재도 혼자서 교재를 벗 삼아 공부하는 사람이 쉽게 이해할 수 있도록 충실하게 써 놓았고 생길 수 있는 의문을 예상하여 자세하게 만들어졌다.

학습할 내용은 적지 않았고 과제물의 양도 결코 만만치 않아 의무적인 학기말의 출석수업 대신에 과제물을 제출할 것을 선택했더니 책 한 권에 상당하는 내용을 필사해서 내라고 한다.

커리큘럼을 보면 중국학의 거의 모든 것을 망라하는 내용으로 초급, 중급, 고급 중국어 1, 2 등 중국어에 대한 단계적이고 체계적인 접근이 있고, '중국의 종교와 사상', '중국문화개관' 등의 과목은 중국에 대한 공부에 해당되며 '중국의 공연예술' 같은 과목은 중국문화에 대한 공부였다.

무엇보다도 흥미를 끄는 것은 중국 고전에 대한 과목들이다. 중국문화라고 하면 조상들이 공부하던 논어와 맹자부터 머리에 떠오르는데 중국어를 조금 공부하고 보니 고문과 현대문은 거의 완전히 다르다는 것을 알게 된다.

중국 고전에 대한 과목은 초급한문, 중급한문과 '경서제자강독(經書諸子講讀)'이 있는데 여러 종류의 경서에서 마음속에 새겨두고 곰곰이 생각할 만한 구절들을 뽑아서 수록해 놓았다. 이 책들에 수록해 놓은 수많은 금언옥어(金言玉語) 중 인상적인 것 몇 구절을 인용한다.

> 以賢으로 臨人하면 未有得人者也하고 以賢으로 下人하면 未有不得人者也니라.(列子)

나의 지혜로움으로 사람에게 군림하면서 사람을 얻는 자가 없고 나의 지혜로움으로 사람의 아래에 서면서 사람을 얻지 못하는 자가 없느니라.

제자백가 중의 한 사람이라고만 어렴풋이 알고 있는 열자가 이렇게 기막힌 말씀을 한 것이 2천년이 넘었는데 그것도 모르면서 살아온 것은 세상을 헛산 것이 분명하다.

夫天地者는 萬物之逆旅요 光陰者는 百代之過客이라.(李白)
무릇 천지는 만물이 머물러 가는 곳이요 광음은 백대의 길손이라.

이백의 「춘야연도리원서(春夜宴桃李園序)」라는 시의 시작 부분에 나오는 구절이다. 자연의 무한함에 비하여 인생의 유한함을 기막히게 표현했다.

百事之成也는 必在敬之하고 其敗也는 必在慢之하니라.(荀子)
백사의 이룸은 반드시 공경함에 있고 실패는 반드시 함부로 하는 것에 있다.

모름지기 실패한 경험이 있는 모든 사람들은 마음에 새길 말씀이 아닐 수 없다.

중급 한문에 인용해 놓은 맹자의 고자상편(告子上篇)은 인간의 생물학적인 조건으로부터 시작하여 인생의 핵심적인 문제로 다른 곳을 경유하지 않고 막 바로 들어간다.

一簞食一豆羹을 得之則生하고 弗得則死니라 嘑爾而與之면 行道之人이 弗受하고 蹴爾而與之면 乞人不屑也라 萬鍾則이면 不辨禮義而受之한

데 萬鍾이 於我何加焉가?

(일단사일두갱 득지즉생 불득즉사 호이이여지 행도지인 불수 축이이여지 걸인불설야 만종측 불변예의이수지 만종 어아하가언)

"한 대롱(대나무 그릇)의 밥과 한 사발의 국을 얻으면 살고 얻지 못하면 죽는다. '옛다 먹어라' 하고 주면 길을 가는 사람도 받지 아니하고 발로 차서 주면 거지도 받지 아니한다. 그러나 만종(萬鍾, 1鍾은 300石)이라면 예의를 따지지 않고 받는데 과연 만종이 내게 무슨 보탬이 되는가?"

이 글을 읽으면 칼을 품고 적장의 막사에 혼자서 들어가는 무사의 모습이 떠오르며 정통파 좌완 투수가 볼 카운트에 신경 쓰지 않고 강속구로 정면 승부를 하는 장면이 떠오른다. 문제에 대한 맹자의 접근 방식이 이와 같이 치열하다는 말을 하고 있는 것이다.

먹으면 살고 굶으면 죽는 한 생물로서의 인간과 사람이라면 마땅히 지켜야 할 최소한도의 자존심 사이에서 고뇌하는 인간의 모습, 이로부터 자유로운 자 누구이던가?

일단사일두갱은 굶어 죽더라도 자존심 때문에 못 받지만 만종의 재물이라면 얘기가 달라진다. 작은 재물 앞에서는 끼니를 거르면서도 의연하지만 큰 재물 앞에서는 상갓집 개처럼 비루해진다.

예의도 따지지 않고 받은 만종의 재물을 우리는 어디에 쓰는가? 맹자는 이어서 말한다.

"굶어 죽어도 받지 아니하다가 집을 아름답게 꾸미고 처첩을 거느리고 없는 사람 앞에서 빼기기 위해서는 예의를 따지지 않고 받는다."

위선으로 충만한 세상을 향하여 맹자는 통렬한 한마디를 날리는 것을 잊지 않는다.

是亦不可以已乎아(시역불가이이호)?

"이런 짓을 역시 그만둘 수 없는가?"

아, 맹 선생님이시여… 이런 글을 다른 무슨 책에서 읽을 수 있을 것인가?

한문은 함축성이 그 특징이다.

수천 년의 깊은 지혜를 적은 숫자의 글자로 짤막하게 표현할 수 있는 것이 한문의 조어력이다. 그래서 중국을 여행하면 어디를 가도 눈에 띄는 곳이면 표어가 붙어 있는지도 모르겠다.

조상들은 뜻을 이해한 후에는 반드시 외우는 과정을 겪었고 더듬지 않고 자연스럽게 소리 내어 암기하지 못하면 공부가 끝나지 않은 것으로 간주했으며 그 후에도 시간 있을 때마다 일삼아 독경(讀經)을 했다.

이렇게 생활화하다 보면 향 싼 종이에서 향내 나듯이 그 뜻뿐만 아니라 정신까지 몸에 배지 않을 수 없었을 것이다. 이런 좋은 글을 읽고 체득하여서 실천에 힘쓴 조상을 다시금 생각하지 않을 수 없다.

필자의 경우도 선친이 촛불을 켜 놓고 목소리를 가다듬어 독경하던 장면이 문득 떠오른다. 나아가서는 우리 한국의 빠른 발전도 60~70년대의 한문의 바탕을 갖춘 대다수 국민들의 인문학적 교양 위에서 가능했다는 얘기가 될 수도 있겠다.

2011. 11.

기억력 이야기

중학교에 입학한지 얼마 안되는 어느 봄날 아버지는 와타나베 다카아키(渡辺剛彰)라는 일본인이 쓴 조그마한 영어단어 사전을 사다 주셨다.

제목은 잊어먹었으나 그 책은 대강 다음과 같이 단어의 발음과 의미를 매칭 시키는 방법으로 암기하는 방법을 제시하고 있었는데 그 책을 읽은 지 오십여 년이 지난 지금까지도 맨 앞에 있는 두 단어를 기억하고 있으니 그 일본인의 방법이 작동한 것인가?

앞놈 말(Abnormal)은 비상한 힘이 있다
앞 호랑(Abhorrent)은 혐오스럽다

아버지는 기억술을 이용하여 공부를 하면 효과적이라고 하셨다. 그리고 예시하신 것이 마운틴이었다.

망운천(望雲天), 구름과 하늘을 바라보려면 높은 곳이 좋을 것이니 그곳은 바라볼 망, 구름 운, 하늘 천, 즉 산(山, mountain)이다.

어린 마음에도 마운틴을 외우기 위하여서 망운천을 생각해내야 한다면 그 수고가 더 클 것이라는 생각이 들어서 옆에 계시던 어머니와 합세하여 그 점을 공격했더니 그냥 웃으시던 것이 생각난다.

중학교 때는 선친의 권고 말씀에 따라서 나름대로의 기억 방법을 사용했는데 첫 자만을 모아서 재미있는 문장을 만들어 냈다. 이때 사용한 문장은 기히 기억하고 있는 문장이나 유행가 가사, 욕설 등의 짧은 글로서 구태여 기억하려고 애를 쓰지 않아도 저절로 기억되는 것을 이용했다.

홍 선생님

화학은 고등학교 들어와서 처음 배우는 과목이니만큼 호기심이 많았고 재미있을 것이라는 기대가 있었으나 담당 홍 선생님은 주로 뒷골목에서 노시다가 오신 분이 아닐까 하는 생각이 들 정도로 건들건들하는 태도에, 손가락을 까딱까딱하면서, "야, 너 이리 와 봐." 하는 스타일의 삐딱한 말투를 쓰셨는데 그래서인지 화학 시간이 기다려지지가 않았고 나는 화학이라는 과목에 흥미를 붙이는데 실패한 것 같았다.

그러나 이온화 경향의 순으로 나열된 원소기호를 외우는 데는 그가 제시한 방법을 한 번 듣고는 잊지 못한다.

(한니발이) 큰(K) 칼(Ca)을 차고 나(Na)아갈제 마나(Mg)님이 아뢰(Al)기를 아예(Zn) 철(Fe) 니켈(Ni)은 상(Sn)스러우니 창고에 납(Pb)품하시고…

홍 선생님이 학원가에서 잘나가는 일타 강사가 되었다는 소식을 접하게 된 것은 나중의 일이다.

허다가

허파디스토마의 일생 중에서 중간숙주에 기생(寄生)하는 시기가 있는데(이 벌레들의 최종숙주는 잘 아시는 대로 사람이다), 그게 민물에 사는 다슬기나 가재라는 것으로 첫 자만 따면 '허다가'가 되는데 그 외울 것 많은 가운데서 간단히 '허다가'만 외우고 있으면 시험에 자주 나오는 이 문제를 눈감고도 맞출 수가 있었다.

허다가? 뭘 허다가? '허다가' 그 자체가 야릇한 걸 상상하게 해서 잊어 먹질 못한다.

의대에 진학한 이후에는 기생충학이 하나의 교과목으로 있었는데 허파디스토마는 폐흡충(肺吸虫, paragonimus westermani)이라는 학술명으로 바뀌어도 중간숙주가 바뀔 리는 없으니 '허다가'는 그대로 써먹을 수 있었다.

루디는 나빠

손목과 손 사이에는 여덟 개의 작은 뼈가 있는데 이들은 전박부(前膊部, 아랫팔)에 있는 두 개의 뼈, 요골 및 척골들과 손바닥뼈(다섯 개의 중수골)들을 이어주는 뼈들이다.

그 여덟 개의 뼈 중 월상골(月狀骨, lunar)과 주상골(舟狀骨, navicular)에 관한 이야기인데, 즉 lunar는 잘 탈골(脫骨, dyslocation)되고 navicular는 잘 골절(骨折, fracture)되는 경향이 있다는 것으로서 뼈 이름부터 헷갈리기 쉬운데 이 점 때문에 시험에 자주 나오는지는 몰라도 만화 영화의 주인공인 루디의 이름을 이용하여 외우는 방법으로 사용했다.

페르시아 전쟁과 시모니데스

2020년 1월 초 미국의 드론 공격으로 이란의 군부 1인자인 솔레이마니가 살해되는 사건이 일어났다.

계획은 이미 수립되어 있었고 대통령의 재가가 필요했을 것이니 최종적인 책임은 미국 대통령 트럼프에게 있었다.

솔레이마니의 장례식장에 몰려든 수백만의 인파로 인하여 약 50명이 밟혀 죽었다고 하니 이란인들의 원한을 가히 짐작할 만하다.

이란은 고대 페르시아제국의 후신으로 국가적 자존심이 대단한 나라로서 고대에는 그리스 제국(諸國)을 통째로 삼켜버리려고 압도적인 숫자의 군대를 동원하여 페르시아 전쟁을 몇 차례씩 일으켰다는 것을 우리가 알고 있다.

페르시아 전쟁에서 전몰(戰歿)한 그리스 용사에게 바쳐진 두세 편의 애도시가 아직도 남아 있는 시모니데스라는 시인이 있었다. 그는 큰 잔치가 있을 때 시를 읊어 주는 것으로 생계를 유지하고 있었는데 당시에는 문자로 기록하지 않고 기억해서 즉석에서 읊어 주는 것을 관례로 했다고 한다.

어느 날 시모니데스는 큰 궁전에서 있었던 연회에 참석해서 주빈을 찬양하는 시를 읊어 주었는데 사례비에 대하여 주최 측과 따져볼 일이 있어서 잠시 연회장을 벗어나 궁전 밖에 나와 있었다.

그런데 이 순간 갑자기 궁전의 기둥이 무너지고 지붕이 내려앉아서 연회에 참석했던 모든 인원이 한 명도 살지 못하고 몰살되는 대형 사고가 일어났다.

이 사고의 처리 과정에서 사망자가 누구이고 몇 명인지를 정확하게 아는 이는 시모니데스 말고는 없었다.

그는 궁전의 어느 위치에 누가 있었다는 것을 기억해냄으로써 수백 명이나 되는 희생자의 명단을 알아내었는데 궁전 내에서의 위치와 인물을 매칭 시키는 방법으로 기억하고 있었다고 한다.

가상의 궁전을 생각하고 그 궁전 내의 각 장소의 위치와 기억할 대상을 연결해서 많은 분량을 기억해내는 방법을 '기억의 궁전을 이용한 기억술'이라고 하여 서양의 기억술의 역사에 있어서 앞부분을 차지하고 있다.

마테오 리치

예수회 소속의 선교사 마테오 리치(중국 이름은 리마두(利瑪竇))는 중국에 기독교를 전교(傳敎)하기 위하여 머나먼 바닷길로 명(明)의 신종(神宗) 연간에 중국을 방문했다.

당시 중국의 유생들도 우리와 마찬가지로 과거를 보기 위해서는 『사서삼경』의 암기가 필수적이었는데 중국의 지식인 사회에 서양의 기억술을 전해 주는 과정에서 전교의 실마리가 있을 것이라는 생각을 했다. 그는 잘 알려진 『천주실의(天主實義)』 이외에도 기억술에 관한 책인 『기법(記法)』, 『서양기법(西洋記法)』 등을 저술하였다고 전한다.

스토리가 문자로 표시되기 이전에는 어떻게 그게 후세에 전해졌을까? 결국 인간의 기억력에 의존하여 전해 내려온 기나긴 기간이 있었음을 생각하게 된다.

문자가 있기 전의 시대가 문자가 있은 이후의 시대보다 훨씬 길었다. 방대한 내용의 일리아스와 오딧세이는 구전(口傳)으로 전승되어 왔으며 호메로스가 이걸 모아서 문자화하였다고 전한다.

이야기를 외워서 대중에게 전달하는 것을 업으로 하는 사람들이 어느 시대에나 있었으며 그들은 외우는 능력 즉 기억력이 뛰어난 사람들이었다.

판소리를 하는 소리꾼들이 여섯마당 판소리 같은 긴 내용을 외워서 몇 시간 동안 공연하는 것을 볼 때 이들이야말로 대중 앞에서 외운 것을 구술하는 것을 생업으로 삼는 직업의 거의 마지막 모습이 아닌가 하는 생각을 하게 된다.

의학생 시절에 정신과학을 공부했을 때 남아있는 기억으로는 기억이란 정보가 뇌에 전달되었을 때 등록(registration)되고 저장(storage)되었다가 필요할 때 꺼내 쓰는(recall) 과정으로 되어 있다고 한다.

이 세 개의 과정 중에 하나라도 문제가 있으면 기억력이 떨어졌다고 말하며 기억력이 좋은 사람들은 선천적으로 혹은 훈련에 의하여 이 과정을 강화시킨 사람들이다.

생활 습관과 훈련으로 기억력을 강화하면서 정신적 능력의 상승곡선을 유지해야만 기억력의 감퇴를 방지할 수 있는 나이가 됐다.

2021. 6.

글쓰기, 고쳐쓰기

글을 잘 쓰는 방법에 대하여 남에게 말할 위치에 있다고 생각하지 않는다.

단지 가끔 글쓰기를 하다 보니 내 나름대로의 방법이 형성되어서 그것을 소개하는 것만으로도 하나의 글이 되겠다는 생각이 들었고 그걸 친구들과 공유하면 좋겠다는 생각이 들었다. 또한 새로 글을 쓰려고 하는 사람에게는 글쓰기의 스트레스를 해소하는네 도움이 되는 글도 하나쯤 있어야 하겠다는 생각이 있다.

글쓰기에 관한 글을 쓰려고 하니 먼저 떠오르는 것은 고교시절 때 백일장 장면이다. 백일장을 한다는 소문을 듣고 어쩌다 한 번씩 쓰던 일기나 편지 이외에는 글쓰기를 해 본 경험이 없던 나는, 겁도 없이 글을 한 번 써 볼까 하는 생각이 들어서 1969년 5월 말의 어느 토요일, 소나무 향기도 싱그러운 제3운동장 근처에 있는 접수처로 갔는데 그곳에는 뜻하지 않게도 담임 선생님인 국어 선생님이 서 계셨다.

버스로 한 시간 반 걸리는 응암동에서 통학하느라고 지각을 자주 해서 그 넓은 부처 손으로 귀싸대기를 맞은 일이 있었던 나는 이(李) 선생님이 '그래, 너는 이게 맞아' 하시면서 나눠주시던 시험지를 받았을 때 선생님에 대하여 가졌던 약간의 유감(?)이 마음속에서 상당히 경감되는 것을 느꼈고 선생님이 나에게도 관심을 가지고 있다는 사실에 감격할 뻔했다.

그리하여 한 귀퉁이에 선생님의 도장이 찍힌 8절지를 받아서 시원한 소나무 그늘 아래에 좌정하고 그 넓기만 하던 종이를 채워보려고 머리를 짜내 보았지만 붓방아만 찧다가 아무것도 쓰지 못하고 결국 그 8절지를 제출하지 못한 기억이 있다.

그다음은 대학입시 시험장에서의 일이다.

국어 시험 문제지를 받았을 때 '돌'이라는 제목으로 글을 써 보라는 문제가 마지막 부분에 있다는 것을 알았으나 앞에 있는 문제를 다 해결하고 나서 쓰기로 작정했다. 그러나 시험 문제를 다 풀고 나서 마지막 문제인 글짓기를 시작하려고 보니 시간이 5분도 안 남았다는 것을 알게 되었다. 부랴부랴 되는 대로 생각나는 대로 원고지를 몇 줄 채우다 보니 시험 시간이 끝나는 종이 울렸다.

학교에 내는 리포트나 반드시 보내야 하는 편지 등 필히 글을 써야 할 경우 말고는 절대로 쓰지 않던 내가 글을 지속적으로 대량(?)으로 쓰기 시작한 것은 사랑방이 생기고 나서부터였다.

십여 년 전에 고교 동기생들의 홈페이지가 생겼다는 소식을 듣고 사랑방에 들어가 보니 친구들이 쓴 글들이 올라와 있어서 이들의 글을 읽어보고 나서 나도 뭔가를 써야 되는 것 아닌가 하는 막연한 의

무감이 생겼다. 처음에는 신문이나 책에서 혼자 보기 아까운 좋은 글을 보면 그대로 옮겨 놓거나 다른 사람의 글에 댓글을 달았다.

자주 그렇게 하다 보니 아무리 좋은 글이라도 옮겨 놓은 글은 남의 글이고 못 쓰는 글이라도 내가 쓴 글은 나의 것이라는데 생각이 미쳤고, 지금 잘 쓰는 사람도 처음부터 잘 쓰지는 못했을 것이며 잘 쓰려고 노력하다보니 좋은 글을 쓰게 됐을 것이라는 생각이 들었다. 이렇게 해서 못 쓰는 글이라도 내가 쓴 글을 올려보기로 했고 쓸 바에는 정성을 들여야 하겠다는 생각이 들었다.

가끔 글을 올리다 보니 나름대로 몇 가지 원칙을 세우게 되었다. 인터넷 글은 즉각적으로 댓글이라는 이름으로 독자의 반응이 올라온다.

독자의 반응이 부정적일 때는 글을 쓰려는 용기 자체가 꺾일 수 있기 때문에 독자를 의식하는, 독자의 상식에 반하지 않는 독자 친화적인 글을 쓰지 않을 수 없다.

1. 세상에는 하고많은 글이 있고 날마다 엄청난 양의 글이 쏟아져 나온다. 반드시 세상에 있어야 할 글이 아니면 쓰지 말고 내가 아니면 쓸 수 없는 내 스타일의 글을 쓴다.

2. 사실은 힘이 세다. 내 주변에서 과거에 있었던 사실이나 현재 진행되고 있는 사실과 관련하여 쓴다.

3. 고급 독자에 눈높이를 맞추고 수준 있는 글을 쓰려고 애를 쓴다.

4. 독자가 글을 읽은 시간이 시간 낭비가 아니었다는 생각을 가질 수 있도록 읽고서 얻는 것이 있게 쓰고, 읽을거리로서의 가치가 있도록 쓴다.

5. 내가 하고 싶은 말을 충분히 할 수 있도록 될 수 있는 대로 길게 쓴다.

6. 여러 번 읽어보아서 글이 마음에 들 때까지 고쳐 쓰고 마음에 들지 않는 상태로는 발표하지 않는다. 내 마음에 들지 않으면 다른 사람의 마음에도 들지 않는다.

7. 맞춤법, 띄어쓰기와 어법이 틀리면 읽는 사람들은 내용도 틀렸다고 생각할 수 있으므로 글의 겉모습에도 신경을 많이 쓴다.

8. 인터넷 글의 특징이기도 하지만 글이 지나치게 빽빽하면 읽어볼 엄두가 나지 않으므로 되도록 올리는 과정에서 여백이 많이 생기도록 한다.

9. 남들이 내가 잘난 척하고 많이 아는 척한다고 생각할 수 있으나 이에 대하여서는 일체의 신경을 끈다. 그런 생각이 있으면 절대로 글을 쓰지 못한다.

글을 잘 쓴다는 것은 쉬운 일이 아니다. 그러나 글을 잘 쓰는 일이 지극히 어려운 일도 아니라고 생각한다. 글 잘 쓰기로 이름난 사람들은 글쓰기에 대하여 어떤 자세를 취하고 있는가?

생물학자이며 동물의 행동에 관한 글을 잘 쓰는 것으로 유명한 최재천 교수는 생각이 떠오르면 이것을 한두 개의 단어나 문장으로 메모해 두었다가 시간이 있을 때 우선 이에 살을 붙이는 작업을 하고 나중에 이것들을 연결하고 그다음에는 마음에 들 때까지 고쳐 쓴다고 했다.

『열하일기』와 『연행록』의 저자이며 조선 최고의 문장가라는 이름을 듣는 연암 박지원은 글쓰기의 핵심은 고쳐쓰기에 있다고 말했을 정도로 고쳐쓰기를 중시했다.

헤밍웨이는 『노인과 바다』를 200번이나 고쳐 썼다고 하며, 송대(宋代)의 문필가인 구양수(歐陽脩)는 글을 지으면 벽에 붙여 놓고 보다가 시간이 나는 대로 고쳐 썼는데 마지막 단계에 이르면 초고(初稿)에 있었던 글자는 단 한 자도 남아 있지 않았다고 했다.

문장 작법에 관하여 고전에 속하는 책 『글쓰기, 생각쓰기』의 저자인 윌리엄 진서(William Zinsser, 'On wrighting well')는 "글쓰기가 단번에 완성되는 '생산품'이 아니라 점점 발전해 가는 '과정'이라는 것을 이해하기 전까지는 좋은 글을 쓸 수 없다."라고 했으니 글을 쓴다는 것은 곧 고쳐쓰기를 한다는 것과 다름이 없다고 하겠다. 요컨대 글을 쓰는 일이란 우선 붓 가는 대로 써 놓고 그걸 마음에 들 때까지 고쳐 쓰는 작업이라고도 할 수 있겠다.

필자의 경우는 A4용지 3~4매를 단숨에 쓰는 일은 극히 드물고 생각날 때마다 퍼즐의 블록 채우듯 조금씩 써 놓는데 그걸 다시 읽어 보는 과정에서 덧붙일 것이 생각나면 글이 차츰 길어신다.

그러다가 어느 날에는 퍼즐의 전체적인 윤곽이 드러나는 순간이 오는데 이때 시간을 충분히 잡아서 일시에 다 써 버리고 그다음 여러 번의 고쳐쓰기를 거쳐서 인터넷에 올린다. 이때 고쳐쓰기는 필수불가결한 과정으로서 마지막으로 문장의 퀄리티를 결정하는 작업이 되며 건물을 짓는 일에 비유한다면 인테리어나 데코레이션 같은 최종적 마무리에 해당된다고도 할 수 있다.

글이란 무엇인가?

글이 있기 전에 생각이 있었다.

글이란 나의 내부에 있던 그 무엇인가가 손가락과 키보드를 거쳐서 구체적인 모습을 하고 밖으로 나온 것이다.

그러므로 종이 위에 있는 것은 남이 아닌 나의 한 모습이기도 하다. 그래서 글을 쓴다는 것은 나를 객관적으로 보는 것이 된다.

글을 쓰면 생각이 문장의 형식으로 정리되므로 내가 무엇을 아는지 또 무엇을 모르는지, 나아가서는 내가 누구인지가 백지 위에 드러난다.

내 속에는 분명히 문제로 가득 차 있는 인간이 있으며 나와 문제적 인간은 서로 쟁투하는 관계에 있다.

종이 위에 써진 것은 거리를 두고 본 나이기도 하므로 이것만으로도 문제 해결에 반은 다가섰다고 할 수 있을 것이다.

집에 손님을 초대했을 때 평소의 너저분한 모습을 보이는 것이 싫으므로 우리는 손님이 오기 전에 청소를 한다.

글을 써서 남에게 보여 준다는 것은 구체적인 모습을 한 나의 생각 앞에 독자를 초대하는 것이므로 자신의 적나라(赤裸裸)한 모습을 보여 주는 것이기도 하다.

이때 정리된 모습을 보일 것인지 헝클어진 모습을 보여줄 것인지는 고쳐쓰기와 독서가 결정한다.

상식에 맞지 않는 소리를 하면 독자가 불편해 한다.

그러므로 글을 쓰는 사람은 재미있고 유익한 글을 쓰려고 애쓰기 이전에 적어도 틀린 소리를 해서는 안 된다는 생각을 가지고 있어야 한다.

그러나 이 풍진 세상에서 맞는 소리와 틀린 소리의 경계는 모호할 수도 있으므로 글에서 다루는 내용에 관한 책을 읽는 것을 게을리 하면 좋은 글을 쓰지 못한다.

독서에 대하여서는 다른 글을 통하여 말할 기회가 있겠지만 다른 사람이 쓴 책을 읽는 것은 그 사람이 세상을 보는 방법과 그것을 글로 옮겨 놓는 방법을 배우는 것이 동시에 되므로 가장 좋은 글쓰기 공부라 할 수 있다.

첫 단추가 잘못 끼워지면 마지막 단추는 끼울 곳이 없다
인생도 이와 같아서 한 번 있었던 일은 오래 그림자를 드리운다
인생은 고쳐 쓸 수 없으나 글은 고쳐 쓸 수 있으니 좋다
쓰고 때때로 고쳐 쓰니 즐겁지 아니한가

2015. 3.

8

인생과 예술

행운의 추억

초등학교에 다니던 시절에는 소년한국일보를 구독했었는데 이 신문은 어린이를 위한 신문답게 상타기가 많았다.

간단한 퀴즈를 풀고 그 정답을 관제엽서에 적어서 보내면 추첨을 거친 후 상품을 보내주는 것이다.

1, 2, 3등은 동화책이나 참고서를 주고 4등은 수십 명을 뽑아서 소년한국일보에 연재하던 네 칸짜리 만화인 '헨리'를 모아서 만든 만화책을 보내주는 것인데 10번 가까이 보냈어도 만화책 한 권이 당첨이 안 되는 것이다.

내가 애타 하는 것을 그대로 볼 수 없었던 어머니는 정답을 써 보내는 엽서의 아래쪽에 "이번에는 꼭 당첨시켜 주세요."라는 문구를 써서 보내라고 코치를 했다.

나는 그것은 공정하지 않은 것이라는 생각이 들어 처음에는 그렇게 하지 않았으나 계속 당첨이 되지 않자 어머니가 시키는 대로 했더니 과연 효과가 있어 그렇게 한 지 두 번 만에 4등 중에서도 맨 첫 번째로 내 이름이 신문의 당첨자 발표에 올라왔다.

그리고 며칠 후 그렇게 가지고 싶던 '헨리' 만화책이 우송되어 온 것은 말할 것도 없다.

2000년의 가을이 깊어가던 10월 28일, 나는 11살짜리 초등학생 아들을 데리고 인터콘티넨탈 호텔에서 있었던 고교 졸업 30주년 기념송년회에 참석하였다.

그 날 저녁 나는 내 일생에서 처음으로 있었던 특별한 일을 겪었다. 당시의 동기회장으로 있던 임태성 학형으로부터 그날 행사의 대상인 33인치 텔레비전을 상품으로 받은 것이다.

송년회장에 입장할 때 받은 번호표의 반쪽을 잘라서 추첨함에 넣고 마지막에 동기회장이 추첨을 하는 것인데 여기서 내 이름이 호명되는 기막힌 일이 일어난 것이다.

나이 48살이 되도록 한 번도 겪어보지 못한 행운이 고교 동창회에서 터졌다.

그때까지 보던 TV는 개업하고 있는 병원으로 보내버리고 그 당시 최신 최고의 사양이었던 33인치 평면 화면 LG 텔레비전을 배송 받아서 설치했더니 가족들의 TV 시청 시간이 눈에 띄게 늘어났다.

집에 누가 방문하면 고교 동창회에서 받은 TV라고 자랑을 하게 되는데 어느 고등학교냐고 묻는다.

세월은 유수 같아 11년이 흘렀다.

2011년 5월의 첫 번째 주말, 신록은 하루가 다르게 푸르러 가고 오월의 햇빛은 찬란하고 대기는 그 속에 함유하고 있는 꽃향기의 내음으로 싱그럽기 짝이 없었다.

마침 어제 내린 비로 말미암아 공기 중의 먼지마저도 말끔히 청소되어 한강 중류 대하도의 산천은 한결 뚜렷하게 보였고 풍광은 더욱 명미(明媚)했다.

왕년의 명배우 이영호 학형은 고교 동창생들과 그들의 부인들이 모여 앉은 잔디밭의 한가운데 앉아서 자신이 출연한 영화의 주제곡인 「어제 내린 비」의 음표들을 기타 줄 위에 얹힌 손가락의 감각으로 고르고 있었다.

행운은 행복을 향하여 날아가는 오색구름의 모습을 하고 대하도의 상공에 서려 있는 가운데 행운권 추첨과 보물찾기가 시작되었다.

나는 지난해 가을에 있었던 고교 졸업 40주년 행사에서 아무것도 당첨되지 않았으나 내 행운의 수학적인 확률은 이미 10년 전에 소진되어 버린 것이라고 생각했고, 무언가 기대를 가지는 것 자체가 친구들에게 갈 행운의 기회를 나에게로 가져오는 것을 원하는 것이 되므로 옳지 않은 것이라고 생각하고 아무런 기대도 가지지 않았으나 작은 경품 하나라도 당첨되는 경우가 그렇지 않은 경우보다 더 많은 동창회 현장의 상황에서 미국에서 온 이강욱 학형이 자기가 당첨된 포도주 2병을 나에게 넘겨줌으로써 집 근처의 포도주에 걸신들린 사람들과 더불어 한 잔할 기회를 가진 바 있다.

2011년 5월 7일, 이날도 나는 경품에 대한 일체의 마음을 비우고, 괜히 불려 나가서 잘 부르지도 못하는 노래를 불러야 하는 불상사가 없도록 사회자의 눈에 띄지 않게 차양 뒤쪽의 나무 그늘 아래 앉아서 옆자리의 박흥덕, 정균기 제형과 더불어 막걸리와 맥주와 소주를 권커니 잣거니 기울이고 있었다.

예상했던 대로 나에게는 그 흔한 메이드인 베트남 수건 하나도 걸려들지 않았고 앞자리에 앉아 있던 밴드반 친구인 권동안 표은영 커플은 부부가 합심하여 열창하여 상품 타고 보물찾기에서 경품 타고 추첨에서 또 상품 타는 모습이 차츰 취해 가는 눈앞으로 스쳐 갔다. 끝까지 아무것도 없는 가운데 드디어 마지막 순간이 왔다.

윤일택 동기회장이 오늘의 대상을 추첨하는 순간, 이상하게도 지난 30주년 기념 송년회와 상황이 비슷하게 돌아가고 있다는 수상한 예감이 들었다.

11년 전 그날도 마지막까지 아무것도 걸리지 않았었다. 어쨌든 일생에 행여 한 번 있기도 어려운 일을 두 번씩이나 일어날 것을 비란다는 것은 말이 안 된다.

그러나 행운의 여신은 윤일택 회장의 모습을 하고 최후의 순간에 내 앞에 얼굴을 나타내고야 말았다.

동기회장이 장용 사회자에게 건네준 티켓 넘버는 50번이었다. 내가 행사장에 들어올 때 받은 행운권을 아내에게 가지고 있으라고 준 것이 50번인 것 같았다.

혹시 잊어먹고 있는 것이 아닐까 해서 아내가 앉아 있는 쪽을 보니 표를 들고 앞으로 나가는 것이 보였다. 참으로 피해 가기 어려운 끈질긴 행운이었다.

한 번 있었던 일은 두 번 일어날 '가능성'이 있으며, 두 번 있었던 일은 세 번 '일어나기 쉽다'고 했던가? 또 같은 일이 세 번 거듭해서 일어나면 그 일은 '상습적인 일'이 될 가능성이 있다고 했던가? 이 일 말고 다른 일에서는 인생의 여러 고비에서 겪어서 알고 있는 경험칙이었다.

100분의 1의 확률을 가지고 있는 행운을 10년의 간격을 가지고 두 번을 거듭해서 겪었으니 수학적으로는 10000분의 1의 확률에 해당하는 억세게 끈질긴 행운의 주인공이 되었다.

또다시 유수 같은 세월이 10년 동안 흐른 후인 2020년에는 100만 분의 1의 확률을 가지고 있는 어떤 행운이 나를 기다리고 있는지 지켜볼 일이다. 그리하여 행운의 상습화가 이루어질 2030년 이후에는 또 어떤 일이 일어날지….

노력과 능력도 좋고 재능도 좋지만 인생에서 행운만큼 좋은 것은 그렇게 많지 않다는 것은 행운을 겪어 본 사람만이 이해하는 사실일 것이다.

나중에 아내한테 들으니 끝까지 아무것도 당첨이 안 되는 우리 부부를 딱하게 여긴 표 여사로부터 메이드인 차이나 수건 세트 하나를 받았다고 한다.

30주년 대상으로 받았던 TV는 우리 가족의 TV 시청 시간을 늘리면서 10년간 자기의 소임을 다하고 나서 작년에 구입한 LCD TV에게 자리를 물려주고 자신을 더 귀하게 여겨줄 새로운 주인에게로 기증되었다.

이번에 소생에게 희귀한 행운을 안겨준 40인치 LCD TV는 우리집보다도 더 귀한 자리에서 더 많은 이들에게 공헌하는 것이 이 상을 마련해 준 동기 동창회의 정신에도 부합되는 것으로 생각되어 아내와 내가 같이 다니는 일산의 모 기관에 기증되었다.

2011. 5.

제주잡기(濟州雜記)

목요일 아침 나는 여행 가방을 들고 집 앞의 버스 정거장에 서 있었다. 길에는 가로수에서 떨어진 가랑잎이 뒹굴기 시작하고 있었고 출근을 하려는 사람들 몇 명이 버스를 기다리고 있었다.

여느 날 같으면 나도 저 사람들과 같은 마음으로 출근을 서두르고 있었을 것이다. 그러나 오늘은 제주도로 가는 비행기를 타기 위하여 김포공항으로 가는 택시를 잡으려는 것이다.

어젯밤 늦게까지 2박 3일간의 여행을 위하여 가방 속에 일용품을 챙겨 넣었다. 필요할 것으로 예상되는 물건들을 세심하게 챙겨도 여행지에 가면 빠트린 것이 발견되곤 하던 것을 생각하면서 가방을 싸던 것이 기억난다.

금년은 고등학교를 졸업한 1970년으로부터 40년이 되는 해다.

동기동창회의 책임을 맡고 있는 친구들은 금년 한 해 동안에 모두 네 개의 이벤트를 준비하였으나 앞의 세 모임에 참석하지 못한 나는 이번 제주 모임에는 일찌감치 참석 의사를 보낸 터였다.

40년이라고 하면 '10년이면 강산이 변한다'는 10년이 네 번 지나는 기간이고 '인생은 짧고 예술은 길다'고 하는 잠언에 나오는 짧은 인생에서 철들고 난 이후의 대부분을 차지하는 기간이기도 했다.

돌이켜 보면 참으로 오랜 시간을 그들과 함께 했다.

같은 교실에 나란히 앉아서 같은 선생님에게서 국영수(國英數)를 배우고, 분위기 그윽한 도서관에서 시험 준비를 같이 하고, 음악실에서 악기 연주하는 방법을 배워서 취주악(吹奏樂)을 같이 연주하고, 선배들한테서 빠따를 같이 맞고, 성발원(成發園)에서 짜장면을 같이 먹던 3년은 시작에 불과했다.

대망의 70년대와 대학 생활이 막 눈앞에 펼쳐질, 포부만만하던 청춘 시절을 같이 한 친구들이었다.

나도 그들 중의 한 사람으로 세상을 살아왔고 그들로부터 영향을 받았으며 그들에게 영향을 주기도 했다.

김포공항에 도착하니 같은 비행기를 타고 갈 친구들이 벌써 몇 명이 와 있었다. 악수를 하고 인사를 하고 아내를 인사시키고 그러는 사이에 또 다른 친구들이 도착했다.

가까운데 살고 있어서 한 주일이 멀게 맥주 한 잔씩 하는 친구, 고교 시절에 같이 나팔을 불던 친구, 지역 모임에서 두어 달마다 만나 막걸리 한 잔씩 하는 친구, 같이 산에 갔던 친구, 멀리 미국에서 태평양 건너 날아온 친구, 누구는 어떻게 해서 참석을 못했다는 말을 전하는 친구, 모두 낯익은 얼굴이고 정다운 동창생들이었다.

1. 제주도

제주공항에 도착한 우리는 관광버스를 타고 우선 진주식당이라는 곳으로 갔다.

이곳에서 전복이 세 개씩이나 들어 있는 뚝배기 된장국이 곁들인 점심 식사를 하고 나서 '사려니 숲길'이라는 곳으로 갔다.

키가 큰 삼(杉)나무와 비자나무 숲 사이로 난 분위기 있는 길이었는데 가이드는 이루어지기를 간절히 바라는 일이 있으면 기도하는 마음으로 걷는 길이라고 설명했다.

'사려니'라는 말은 제주도 말로 '영험 있는'이라는 뜻을 가지고 있으니 숲이 뿜어내는 맑은 공기를 마시면서 걷다 보면 마음도 차곡차곡 정리되고 영험스러운 지혜가 깃들일 수 있는 마음밭도 마련될 것이라는 생각이 들었다.

마침 옆에서 같이 걷게 된 친구는 치과의사인 강태욱 원장이었는데 그는 '틀니(denture)'의 대가로 수천 례(例)의 경험을 가지고 있어서 앞으로 우리도 착용할 가능성이 있는 틀니가 왜 임플란트보다 더 좋을 수 있는가에 대한 실용적인 지식을 들려주었다.

가이드가 1시간만 다녀오라고 해서 걸어서 들어간 지 정확하게 30분 되는 지점에서 발걸음을 돌렸다.

우리는 다시 버스를 타고 앞으로 이틀 동안 머무를 샤인빌 리조트(shineville resort)로 이동했다.

처음 가 보는 이 호텔은 제주도의 동남부 표선읍에 있는 큰 호텔로서 시설이 4성급 이상으로 좋았고 어느 쪽에서 보아도 바다가 바라보이는 경관 또한 훌륭했다.

호텔 접수처에서 카드키를 받아서 배당된 방에 들어가 보니 잠버릇이 나쁜 사람이라도 넉넉하게 잘 수 있는 큼직한 침대 두 개가 놓여 있고 바다가 보이는 창문 밖으로는 바닥이 목재로 된 베란다에 테이블과 의자 두 개가 놓여 있어서 더이상 쾌적할 수가 없도록 되어 있었다.

행사 집행부에서는 참가하는 친구들의 취미에 따라서 골프, 등산, 올레길 걷기와 관광 등 4개조 중의 하나를 택하도록 하였는데, 아내는 편하게 버스 타고 다니다가 한 번씩 내려서 구경하기만 하면 되는 관광으로 가자고 했으나 나는 제주도까지 와서 운동도 되고 요즘 들어 뜨고 있는 올레길 걷기를 안 하고 가면 후회될 것이라고 주장해서 올레길을 가게 된 것이다.

본격적인 올레길 걷기는 행사 제2일인 내일 낮에 하는 것으로 되어 있었는데 오늘은 전야제가 시작되는 시간인 5시 반까지의 자투리 시간을 이용하여 맛보기로 걷는 것이었다.

호텔 근처의 바닷가 길로 나오니 벌써 많은 친구들과 부인들이 바닷가 숲속을 거닐고 있는 것이 보였다.

2. 전야제

저녁 무렵이 되자 호텔 경내의 바다가 잘 보이는 언덕에 있는 야외무대를 중심으로 마련된 200여 석의 자리에 친구들과 부인들이 하나 둘 착석하기 시작하였고 카펫같이 생긴 망토를 걸친 남미 출신의

3인조 밴드가 기타와 팬플루트를 연주하기 시작했다.

해는 저물어 가고 구성진 남미 음악과 더불어 절친한 고교 동창들의 면면이 눈앞에 보이는 가운데 행사 전날 밤의 분위기는 무르익어 가니 이런 애매모호한 분위기를 술 없이 지낸 경험이 별로 없는 나는 음식을 준비하는 직원들이 있는 곳으로 가서 맥주를 한 병 마실 수는 없느냐고 사정을 했으나 6시까지는 안 된다고 한다.

하는 수 없이 자리로 돌아가서 앉으니 옆의 테이블에서는 친구들이 개인적으로 가지고 온 듯한 포도주를 돌려서 마시고 있었다.

그 자리에 끼어들까 말까 하고 있는데 정학상 사장과 그의 부인인 양승희 여사가 옆자리에 앉고 오른쪽에는 위거찬 목사 부부가 착석을 한다.

그들과 수인사를 나누고 옛이야기를 나누고 있는 사이에 양주, 소주, 맥주를 비롯한 몇 종류의 술이 테이블에 올라와서 옆자리의 친구들과 한 잔씩 부딪히고 있는데 엄춘택 동기회장이 무대에 올라와 전야제의 개회를 알리고 세련된 매너를 발휘하여 부인들부터 식사를 하라고 권한다.

날은 어두워졌고 날씨는 쌀쌀해져서 입고 있던 점퍼의 지퍼를 목 근처까지 올렸다.

앉아서 환자를 보는 것 이외에 별로 운동하는 것이 없던 나는 이날 여행한다고 움직이고 오랜만에 많은 수의 친구를 만나서 안부를 나누고 올레길까지 조금 걸으니 에너지 소모가 심하여 처음에는 시장했으나 친구들과 인사하고 잔 부딪히기에 바빠서 어둠 속에서 음식을 입으로 먹었는지 코로 먹었는지는 기억조차도 없다.

이번 제주 동창회에는 국내 국외에서 내외 동반으로 200명이 참가했으니 우리 동기회가 결성된 이후로 최대의 성황을 이룬 것으로 보였다.

이런 큰 모임을 조직하는 데는 자신의 생업을 돌보지 않고 뒤에서 애쓴 사람들이 반드시 있게 마련이니 일차적인 공은 졸업 40주년기념 동기회 행사를 조직한 엄춘택 동기회장과 이철화 단장과 이규도 특임총무 이 3총사에게 돌려야 할 것으로 생각된다.

전야제에서 진행되는 모든 프로그램이 모임을 준비한 친구들이 세세한 곳에까지 신경을 쓴 흔적이 엿보였다.

무대 위에는 많은 친구들이 올라가서 인사를 하고 노래 솜씨를 선보이고 있었고 무대 아래에서는 나이트클럽을 방불하게 고고와 트위스트와 블루스의 각종 춤사위가 벌어졌으나 나는 그 두 그룹 중 어디에도 속하지 않으면서 친구들과 더불어 대작하기를 게을리하지 않았으니 가랑비에 소맷닢 젖는다고 처음에는 홀짝거리던 것이 얼큰하게 취기가 오르는 상태까지 발전했고 아내는 나한테서 술 냄새가 나니 더이상 마시지 말라고 워닝사인까지 보내니 나이는 들어가고 술은 약해져 가는 것인가?

크리스마스는 이브가 더 좋고 설날보다는 섣달그믐이 설레이는 날이듯이 전야제가 메인 이벤트보다 더 즐거운 날인 것은 재론의 여지가 없을 것이다.

오랜 친구가 있고 음악과 술이 있고 밤 바닷가의 분위기가 있으니 참석한 모든 친구들은 우정과 술에 취하여 행복한 한때를 보냈다.

축제의 전날 밤의 공기는 그 어둠 속에 엔도르핀과 같은 특별한 성분이 들어 있는 것인지 사람을 들뜨게 하고 즐거움 이외에는 다른 아무것도 생각나지 않게 하는 특별한 힘이 있는 것 같았다.

확실히 이날 밤의 기억은 이후로도 오랫동안 흐뭇했던 추억으로 떠오를 것에 틀림없을 것이다.

전야제에 대하여 논할 때 한 가지 빼놓을 수 없는 것은 이날이 정학상 사장이 색소폰 연주로 동기회 무대에 공식적으로 데뷔한 날로 기억될 것이라는 것이다.

정 사장 내외가 같은 테이블에 앉았을 때 악기 케이스를 가지고 온 것을 보고 오늘밤 그의 발표 무대가 있을 것을 예상했었으나 그가 이렇게 능숙하게 연주할 줄은 몰랐다.

그가 이날 밤의 불붙는 분위기에 기름을 끼얹듯 「추억의 소렌자라(la sorenzara)」를 연주했을 때 청중들은 환호작약해 마지않았으며 열광적인 박수를 보내는 것을 아끼지 않았다.

이후 그는 두 곡을 더 연주했는데 자리에 돌아온 그는 준비한 레퍼토리 중에서 이튿날 연주할 곡을 당겨서 미리 연주했다고 투덜거린다.

내일의 연주에 레퍼토리가 부족하지 않겠느냐고 내가 눈치 없는 걱정을 하자 그의 부인은 정 사장의 레퍼토리는 끝이 없다고 은근히 자랑을 한다.

그는 관악반 시절부터 고락을 같이해 온 친구로 얼마 전까지는 외국계 곡물회사의 한국지사장으로 있었고 지금은 국내 유수의 축산회사의 사장을 하고 있는데 그 바쁜 와중에도 고교 시절에 손에 익힌 악기를 놓지 않았고 틈틈이 개인 레슨을 받는 등 음악적 재능을 절

차탁마하는 것을 게을리하지 않더니 지금은 전문가와 비교하더라도 손색이 없을 연주 실력을 가지고 있는 것이 친구들 앞에서 증명되었다.

아마도 그는 자기 전공인 축산 계열의 CEO를 그만하게 되더라도 색소폰 연주 한 가지만으로도 밥 굶을 일은 없을 것이라는 생각이 들었다.

3. 올레길

한국에 제주도가 없었다면 대한민국은 지금보다 무미건조한 나라일 수밖에 없었을 것이다.

제주도의 풍광은 한반도와는 확연하게 다르며 제주도의 어느 곳을 가도 본토(?)와는 전혀 다른 이채로운 경치를 볼 수 있다는 것에 이의를 달 사람은 없을 것이다.

우리 세대의 사람들에게는 신혼여행의 단골 명소였었으나 이후에 해외여행이 자유화되고 중국 및 동남아의 비용이 덜 드는 관광지로 들 많이 갔기 때문에 제주도는 그 좋은 경치에도 불구하고 사람들에게서 멀어져 갔으나 '올레길'이 생김으로써 재조명을 받게 된 측면이 있다.

지금까지 그냥 자동차를 타고 지나가면서 보던 제주도의 바닷가를 걸어가 볼 생각을 처음으로 한 사람은 정말 기막힌 생각을 한 것이 된다.

제주도 바닷가의 대부분을 따라서 걸어가는 코스를 개발하여 올레길이라고 했는데, 이것을 십여 개로 나눈 중에서 우리가 걸은 길은 제10코스로 화순 백사장에서 시작하여서 산방산의 아래를 경유하여 송악산까지 걸어가는 10km 정도였다.

바닷물이 들어오는 모래밭 바로 옆길, 바닷가 모래밭을 울타리 너머로 바라보며 걸어가는 길, 해안도로, 말들이 평화롭게 풀을 뜯고 있는 목장 옆을 지나가는 길, 용암이 바닷물을 만나서 급격히 식어서 형성된 바위 위로 지나가는 길, 해안선으로 돌출되어 있는 산으로 올라가는 언덕길이 연달아 이어졌으며 전 구간에 걸쳐서 바람이 심하게 불고 있었다.

옆에 지나가던 어떤 아가씨가 하던 말, "이런 곳에 풍력발전소를 만들어야 되는 거 아냐?"

좋은 경치를 보고 지나가면서 옆에 있는 사람에게 아무 말도 하지 않는 사람은 드물다.

좋은 경치가 사람의 마음속의 속박되어 있는 무엇인가를 풀어 주면서 여러 가지 생각을 떠오르게 하기 때문이다.

하물며 옆에 있는 사람이 10년 만에 본 고교 동창이거나 매일 같은 공간에서 살아가는 배우자일 경우에는 더 말할 나위도 없을 것이다.

모두들 이야기꽃을 피우면서 앞서거니 뒤서거니 해변 길을 걸어가다 보니 전망이 좋은 공원이 나온다.

이곳에서 점심을 먹는다고 해서 잔디밭과 벤치에 삼삼오오 둘러앉으니 곧 도시락을 실은 차가 도착한다.

초밥에 막걸리와 생수로 든든히 배를 채운 우리는 다시 해변의 길손이 되어 올레길 걷기에 나섰다.

세찬 바닷바람에 밀려오는 파도를 왼쪽으로 보면서 송악산을 향하여 가다가 잠시 발걸음을 멈추고 뒤를 돌아보니 삼방산의 둥그런 봉 우리와 바다에 있는 세 개의 큰 바위가 어우러져 기막힌 그림을 만들어 내고 있었다.

송악산으로 올라가는 길을 걷다가 보니 나의 오른쪽 무릎은 이제 오늘에 할당된 운동량은 다 사용했다는 듯 통증의 신호를 보내왔는데 옆에 있는 몇 명의 친구들도 비슷한 사정이어서 함께 근처에서 기다리고 있는 버스로 돌아오니 앞에 갔던 인원 중 상당수는 이미 버스에 돌아와 있었다.

4. 그날 밤

그날 밤은 많은 일들이 이루어진 밤이었다.

호텔의 그랜드볼룸에서 저녁 6시부터 11시까지 다섯 시간 동안 이어진 동창회의 메인 이벤트는 그야말로 공전의 대성황을 이루었다.

사회자는 장용이라는 개그맨이었는데 순발력 있고 능숙하게 진행을 했다.

그는 자신보다 10년 이상이나 연상인 청중을 거의 완전히 장악했으며 청중들도 그의 진행에 대하여 언제든지 재미있어 하고 웃을 준비를 갖추고 있었다.

그는 무대에 올라온 우리 친구들에게 싹싹하게 연신 형님이나 누님이라고 부르면서 예의 바른 자세로 웃기는 재치있는 사회자였다.

고교 3학년 때의 반별로 테이블을 할당하여 자리를 잡았는데 내가 소속된 6반은 이번 모임에 22명이라는 적지 않은 인원이 참가했으나 경품이나 상과는 인연이 없는 모양이어서 단체상은 물론이고 개인상도 받는 사람이 없다가 내 옆에 앉은 김용수 사장이 처음으로 호명되어서 무슨 상인가를 받고 들어왔다.

노력도 중요하고 재능도 중요하지만, 인생에서 행운만큼 좋은 것은 많지 않다는 것은 행운을 겪어 본 사람만 이해하는 사실일 것이다.

나는 임태성 변호사가 회장으로 있던 30주년 기념동창회를 상기하고 아들과 함께 참석했다가 그 모임의 최고상이었던 당시로서는 최신의 평면 화면 텔레비전을 받던 것을 생각했다.

행운이라는 것은 수학적인 확률의 순서대로 온다는 것을 생각하면 평생 받을 경품은 그때 다 받은 것이 아닌가 하는 생각이 들었다.

그러나 행운의 여신은 지나가고 난 후에도 한 번쯤은 뒤돌아보는 아량이 있는 것인지 나중에 미국에서 온 이강욱 학형이 자기는 미국으로 곧 들어가기 때문에 배송 받을 수가 없으니 자기 것을 가지라고 양보해서 와인세트 티켓 하나를 받았다.

3학년 2반의 차례가 되어서 이규형 학형에게 마이크가 돌아갔을 때 이형은 양창수 대법관에게도 한 말씀 하도록 마이크를 넘겼는데 양형은 자신의 고향인 제주도에서 고교 졸업 40주년 기념동창회를 가지게 된 것을 뜻깊게 생각한다는 요지의 간단한 발언을 했다.

러시아에서 한국을 대표하는 큰일을 하던 이형과 서울법대의 명교수였고 현직 대법원 판사로 사법부를 대표하고 있는 위치에 있는 양형을 신문과 TV에서만 보다가 동창회 석상에서 만나본 것은 그야말로 뜻깊은 일이 아닐 수 없었다.

정학상 사장은 전야제에 이어서 이날은 이 행사의 연예기획 일을 도와준 김대중 후배(30회)와 더불어 귀에 익은 「은빛 월광을 따라서(sail along silvery moon)」라는 화려한 곡을 선보였다.

사회자가 정형의 색소폰 실력에 감탄하면서 그동안의 행적을 질문하자 정형은 이 나이에 더 이상 감출 것도 없다는 듯이 대학 시절 서울농대의 보컬그룹인 '샌드페블즈(sand pebbles)'의 창단멤버를 했고 군복무를 공군군악대에서 했으며 그 이후에도 틈틈이 음악공부를 해 온 것을 솔직히 실토하니 사회자는, "이중인격자시네요."라고 말해서 만장의 웃음을 유도한다.

그다음은 해마다 우리 동기회의 송년회 사회자로 수고했던 고광천 학형과 이규형 학형이 나란히 고교 시절의 검정색 교복을 입고 한 손에는 기타를 들고 등장한다.

나중에 들은 바에 의하면 이 소연주회를 위하여 두 사람이 제주도 현지에 와서도 준비를 몇 차례 했다고 하니 두 학형의 열의에 감탄할 뿐이다.

주최 측은 지금은 구하기도 어려운 고등학교 교복을 마련하기 위하여 돈도 많이 들였다고 하는데 구할 수가 없어서 그랬겠지만 흰색 테두리가 있는 모교의 교모를 착용하지 못한 것은 작은 아쉬움이 있다.

본 행사의 기획단장이기도 한 이철화 사장은 이날 밤 말로만 듣던 기막힌 행위예술을 선보였는데 왕년의 보컬그룹인 '사랑과 평화'의 「한동안 뜸했었지」의 가사를 번안하여서 중년 남성의 비애를 표출한 내용이었다.

애절한 사연을 호소하는 듯한 갈데없는 시선을 허공에 두고 사시나무 떨듯이 온몸을 부르르 떨어가며 부른 노래는 청중의 폭소와 열광적인 박수를 얻었다.

이필중 학형과 고광천 학형 그리고 김종진 학형도 재능과 끼로 가득찬 무대를 보여줬으나 필자의 능력이 부족하여 그들의 재주를 다 옮겨 적지 못한다.

그 밖에도 사모님들을 대상으로 한 미인대회도 있었고 저명한 성악가 두 명이 출연하여 수준 높은 성악의 세계로 우리를 이끌었으니 이에 대하여 상세히 기술하자면 따로 지면이 필요할 듯하다.

주최 측에서는 전야제에 이어서 오늘 메인 이벤트의 흥행적인 측면을 고려하여 몇 개의 특별한 프로그램을 배치한 것으로 보였는데 그중의 하나가 차기 동기회장 후보자인 석균욱 학형과 윤일택 학형의 정견발표였다.

이들은 이미 어젯밤 전야제의 무대에서 차기 동기회장에 출마하겠다는 의사를 공개적으로 언명한 바 있었고 오늘은 그 유세에 해당되었다.

학식과 덕망과 친구를 사랑하는 마음의 측면에서도 두 사람은 동기회장의 자격이 충분하고 남는 사람들이었고 우리 동기회의 입장에서도 유력한 후보자가 회장을 하겠다고 다투는 것은 고무적인 일이 아닐 수 없었다.

현직 서부회장으로 있는 윤일택 사장이 마포의 일번관에서 지역모임을 개최할 때에는 항상 서울 경기 전역에서 운집한 동기제형들로 성황을 이루었고(필자도 두 번 참석함), 이 지역에 거주하는 우리 동기 중에서 그가 사는 저녁을 안 먹어 본 사람은 드물 것으로 생각된다.

한편 미주동기회의 전임 동부회장을 지낸 석균욱 학형은 사업에 바쁜 중에도 두 달이 멀게 입국하면서 각종의 모임에 활발하게 참석하고 있고 만일 회장에 선임될 경우에는 귀국할 것까지 고려하고 있다고 하니 역시 그의 동기사랑은 남다른 데가 있다고 하겠다.

양쪽으로부터 다 밥을 얻어먹은 일이 있어서 누구만 편들 수 있는 입장에 있지 않은 필자로서는 연부역강한 그들이 사이좋게 합의하여 차기와 차차기 회장으로서 수고해 주기를 바라는 마음 간절하다.

이날의 행사는 저녁 6시부터 밤 11시까지 장장 5시간에 걸쳐서 진행되었는데 나중에는 장내가 더워져서 가만히 앉아 있는 것도 힘들 정도였으나 자리에서 이탈하는 인원이 거의 없었던 것은 흥미진진했던 진행과 친구들이 행사에 대하여 협조하려는 마음을 가진 것에 기인하는 것이라는 생각을 했다.

사회자도 다섯 시간 동안 진행해 본 것은 본인으로서도 기록이라고 했다.

교가를 제창하는 것으로 폐회가 되었고, 나는 작야의 작취로부터 컨디션이 완전히 회복된 것도 아니어서 일찌감치 취침하려고 발길을 방으로 옮기는데 친구 한 명이 환자가 발생했다고 와 보라고 한다.

가 보니 친구의 부인 한 분이 반별로 무대에 올라갔을 때 무대 뒤의 벽과 무대 사이의 스크린이 오르내리는 공간에 발을 헛디뎌서 다리가 부어올랐다고 한다.

나도 무대에 올라갔을 때 그 공간이 커서 위험하다는 생각을 하고 조심하던 기억이 났다.

진찰을 해 보니 만지는 것도 아파할 정도로 다리가 부어올랐으며 실족했을 때 근육의 일부가 파열되어 혈종(血腫)이 생긴 것으로 보였다. 해당 분야의 전문의인 안종국 학형이 그날 밤 많은 수고를 한 것으로 알고 있다.

5. 산굼부리

행사 제3일인 토요일은 참가인원 전원이 함께 여러 대의 관광버스에 분승하여 성산일출봉과 산굼부리 구경을 갔다.

바다에서 솟아오른 작은 화산인 일출봉은 올라가는 길이 정비되어 중국의 관광지처럼 계단으로 되어 있었고 중국인 관광객이 많아 잠시나마 중국에 온 듯한 착각을 가지게 했다.

거대한 화산으로 이루어진 섬이 제주도이고 한라산은 그 화산의 한가운데 있는 산이니 제주도는 곧 한라산이요, 한라산은 곧 제주도이다.

그 산사면(山斜面)에는 여러 개의 기생(寄生)화산이 있으며 그중의 하나가 산굼부리이다.

제주도에는 신혼여행 때 처음 오기 시작하여 관광과 세미나 등으로 몇 차례 왔었고 이번 동창회 행사까지 도합 다섯 번을 온 것이 되지만 말로만 듣던 산굼부리를 구경한 것은 이번이 처음이었다.

거의 평지에 가까운 산의 완만한 사면에 지름이 족히 100m는 되게 큰 원으로 된 우묵하게 파인 분화구가 있었고 그 속에는 키가 작은 관목이 울창하게 자라고 있었다.

어떤 시인인지 이름은 기억나지 않지만 산굼부리에 와 보고, '사랑하는 이의 마음을 그 속에 가두어 두고 싶다'고 했던 것이 생각났다.

사람은 자기 마음에 두고 있는 것이 있으면 주변에 보이는 사물에다가 그것을 투사하는 경향이 있다.

태풍이나 지진, 해일 같이 거대한 자연현상이나 성산일출봉이나 산굼부리같이 거대한 자연의 구조물 앞에 섰을 때 그것이 수십만 년의 세월에 의한 풍화작용이라고 보든지 보이지 않는 존재의 손길에 의한 것이라는 믿음을 가지든지 간에, 인간은 일상적으로 영위하던 것과는 전혀 다른 종류의 것임을 인식하고 필연적으로 자신의 유한함을 절감하게 되고 경외감을 가지게 된다.

우리와 비슷한 수준에 있는 것들이 우리의 뜻을 거스를 때는 우리는 속상함과 스트레스로 반응을 하지만 우리와는 차원이 다른 엄청난 것들이 앞을 막아설 적에는 우리는 바다를 파고 산을 깎은 힘들의 장난감에 불과하다는 것을 특별한 논증 없이도 직관(直觀)적인 깨달음으로 보고서 그냥 알게 된다.

이것을 개인사에 대입하더라도 비슷한 결론을 얻을 수 있는데 우리를 힘들게 만드는 사건들, 그리하여서 필연적으로 우리를 먼지로 돌려보내고야 말 사건들에 대하여서도 비굴하지 않고 담담한 자세를 취하는데 이런 인식은 도움이 될 수 있을 것이라는 생각을 가지게 된다.

이것은 인간이 지구라는 환경에 맞게끔 진화한 것이지 지구별이 인간을 위하여 생겨난 것이 아니라는 인식과도 일맥상통하는 것이 된다.

6. 후기

늦은 가을비가 한 번 오더니 나무들은 낙엽 떨어트리는 작업을 가속화하기 시작한다.

은행나무의 경우는 가을에 접어들면서 선명한 노란색이던 것이 늦가을이 되면서 갈색에 가까워지더니 어느 날부터는 하루 이틀 사이에 모든 은행잎을 다 떨어트려서 나무의 밑동 근처에 수북이 쌓아 놓고 앙상한 나뭇가지는 겨울나무 본연의 자태로 돌아간다.

"창밖에 낙엽이 가득히 내리는 저녁 / 나는 끊임없이 불빛이 그리웠다. 이제 나도 한 잎의 낙엽으로, 좀 더 낮은 곳으로 내리고 싶다."고 했던 황동규 시인의 시가 뇌리에 맴도는 저녁이다.

어떻게 지나갔는지도 모르게 지나간 10월 하순의 2박 3일간이었다.

공항으로 가기 전에 점심 식사를 하기 위하여 국수전문식당으로 갔을 때 옆자리에는 이규도 학형이 앉아 있었다. 감기를 앓는 중에도 동창회와 관계된 일이라면 꼼꼼히 챙기지 않으면 안 되는 그 성격 때문에 그의 성대가 혹사를 당하고 있었다. 미국 동창에게 보낼 기념품을 잊지 말고 챙겨 놓으라고 오성학 총무에게 한마디 할 적에 목이 완전히 쉬어 있었다.

우리는 앞에 놓인 막걸리 잔을 서로 채우며 한 잔씩 마셨다. 막상 친구들과 헤어져야 하는 순간이 다가오니 아쉬운 마음이 드는 걸 보면 그 사이에도 새로운 정이 들은 모양이다. 이틀 밤은 너무 짧았고 한 일주일 정도 같이 지냈으면 하는 마음도 마음속 한 구석에서 머리를 치켜든다.

한 사람 한 사람과 사연이 있고 그들과의 에피소드가 있는데 모두 한꺼번에 만났다가 한꺼번에 헤어지게 되니 얘기를 깊이 나눠보지도 못했다.

이번 40주년 재상봉 모임은 전부터 교분이 있던 친구는 더 친하게 지내고 만나지 못했던 친구는 앞으로 사귀어 보라고 하는 계기를 마련한 것으로 볼 수도 있겠다.

강은교 시인은 '일체(一切)가 추억이 되기 위하여 우리 앞으로 다가 온다'고 읊었거니와 앞으로 맞이하고야 말 인생의 겨울에서 이번 40주년 행사는 흐뭇했던 늦여름의 추억으로 남을 것임에 틀림이 없다.

고교 시절에는 공부를 같이 했고 청춘 시절에는 진로를 마시면서 같이 진로를 모색했고 나이가 들어서는 산에도 같이 가고 여행도 같이 가면서 40여 년을 사귀어 온 귀한 친구들과의 재상봉이었다.

내게 있어서 또한 우리에게 있어서 서울고교 22회 동기동창이란 무엇일까?

1. 같이 배운 친구라서 나에 대한 설명이 많을 필요가 없어서 대하기가 편하다.

2. 내 마음을 알고 있어서 희로애락의 정서가 비슷하므로 같이 술 마시기가 좋다.

3. 생각을 교류하게 되므로 배우는 것이 있다.

4. 나이가 비슷하니 후반생에서 같은 길을 걸을 친구들이다.

5. 같은 시대를 살았으므로 성공과 좌절에서 느끼는 정서가 유사하다.

6. 허물이 없으니 조언을 하기도 좋고 받아들이는 것도 편하다.
7. 그들을 보고 용기를 얻고 배운다.
8. 영향을 주고 영향을 받는다. 동질화된다.

졸문의 1회분을 써서 사랑방에 올리려고 동기회 사이트에 들어갔을 때 '김기욱 학형 영면'이라는 부음이 떴다. 2007년 미국 방문 시 뉴욕 근처의 골프 코스를 몇이서 같이 돌았을 때 김기욱 학형이 같이 있었던 것이 그를 마지막으로 본 것이 되었다.

세월은 사람을 위하여 기다려 주지 않는다고 하더니 제주도에서 친구들이 40년 만의 재상봉 행사를 하고 있을 때 한 사람은 세상을 떠나는 것이다. 삼가 김형의 명복을 빈다.

금년의 재상봉 행사에는 200명이 참석함으로써 우리 동기회 성립 이후 최대의 성황을 이루었는데 10년 후인 2020년 졸업 50주년 재상봉 행사에는 모두들 건강에 유념하여 금년에 참석했던 친구들은 물론이고 금년에는 사정상 참석하지 못한 친구들도 참석하여서 70객들의 노익장한 모임이 더욱 성황을 이루기를 바라는 마음 간절하다.

사랑방에 졸문이 연재되는 동안 애독하여 준 학형들에게 심심한 감사의 말씀을 드리며 좋아하는 채근담(菜根譚)의 한 구절을 덧붙이는 것으로서 졸문의 말미로 삼는다.

風來疎竹風過而不留聲
雁度寒潭雁去而不留影

故君子事來而心始現事去而心隨空

풍래소죽풍과이불류성
안도한담안거이불류영
고군자사래이심시현사거이심수공

바람이 성긴 대나무 숲을 지나간 후에는 소리를 남기지 아니하고
기러기가 차가운 연못 위를 날아간 후에는 그림자를 남기지 아니하네.
군자도 이와 같아서
일이 오면 비로소 마음에 나타나고 일이 지나간 후에는 마음이 비네.

2010. 11.

도서관의 추억

학생의 일은 공부다.

이것은 '농부의 일은 농사짓는 일이다.'이거나 '군인의 일은 나라 지키는 일이다.'라는 것과 마찬가지로 적어도 우리가 학생일 때는 다른 말이 있을 수 없는 당연한 명제였다.

당시에는 요즘처럼 인터넷이나 게임 같은 엔터테인먼트가 없어서 공부 말고는 다른 할 일이 딱히 없었던 시절이기도 했다.

지금의 학생들도 저녁 늦게까지 학원을 다니고 집에서는 인강 같은 방법으로 공부를 많이 하지만 우리가 초중고교생이었던 60년대에는 정말 공부를 많이 했다.

학교에서는 선생님의 강의를 열심히 들었고 방과 후에는 빈 교실에 남거나 학교 도서관에서 공부를 했고 일요일이나 공휴일에도 학교에 가기도 했지만 앞의 두 장소 이외에도 공공도서관을 많이 이용했는데 당시로서는 시설이 좋고 생긴 지가 얼마 안 되는 남산도서관을 많이 이용했었다. 집에서도 공부를 할 수 있는데 굳이 도서관을 가야 하는 이유는 학습 분위기와 냉난방 때문이었다.

도서관에는 자발적으로 공부를 하려는 학생들만 왔으므로 공부 말고 다른 것을 하는 사람이 없었기 때문에 분위기에 젖어서 자연히 공부를 하게 되었다.

에어컨은 말할 것도 없고 선풍기도 귀하던 시절이라 공부를 하려면 겨울에는 춥고 여름에는 더운 것을 감수하면서 끈질기게 의자에 앉아있어야 했는데 공공도서관에는 여름에는 천장에 달린 선풍기가 돌고 있었고 겨울에는 부족하지만 스팀 난방이 되어 있어서 공부를 하는데 있어서 기본적인 문제가 해결되는 곳이기 때문이었다.

남산도서관에 가려면 중학교를 다니던 시절에 살던 응암동에서 25번 수색~서울역 간 버스를 타고 가다가 남대문쯤에서 내려서 남산 기슭에 있는 경사진 도로를 걸어서 올라가야 했다.

남산으로 향하는 길을 가다가 아래로는 퇴계로가 지나가는 구름다리를 건너야 했는데 그 주변은 서울에서도 홍등가로 이름 높은 양동(楊洞)과 도동(桃洞)이 있는 곳으로 낮에도 화장을 짙게 한 거리의 여인들의 출몰이 잦았다.

학생, 학생, 학생이 최고야
이 세상에 학생 없으면
무슨 재미로
해가 떠도 학생,
달이 떠도 학생,
학생이 최고야

그들도 젊은이가 좋았던 것인지 아니면 사업을 다각화하려는 것인지는 몰라도 3~4명이 함께 그들의 미래의 고객들을 칭송해 마지않는 합창을 하면서 중고교생한테까지도 노골적인 추파를 던지다 못해 손목을 잡고 끌어당긴다.

기껏해야 중2~3이었던 나는 아직 남녀상열지사(男女相悅之事)에 대한 이해가 거의 없었던 시절이었으므로 대강 외면하면서 지나갔지만, 앞에 가던 고2, 고3 형들은 서로 얼굴을 마주보며 낄낄거린다. 그들은 얼굴에 멍게처럼 여드름이 숭숭 나고 성호르몬 분비가 왕성한 피 끓는 사춘기를 지나는 청춘이었다.

남산도서관은 오전 9시에 문을 열었는데 공부할 장소를 찾아온 학생들의 숫자가 수용 가능 인원보다 항상 많았으므로 새벽부터 와서 가방으로 줄을 세워 놓고 있다가 번호표로 바꿔주는 것을 기다렸다.

번호표를 받으면 곧 입장이 시작되었으나 늦게 가면 번호표를 받지 못하는 수도 있어서 하는 수 없이 집으로 발걸음을 돌려야 했으니 가히 향학열에 불타던 시절이라고 할 만하였다.

다행히 도서관으로 들어갈 수 있는 행운을 얻으면 추운 바깥에서 떨며 기다리던 보람이 있어서 훈훈한 온기 가득한 공간에서 얼었던 몸이 녹는 즐거움을 맛볼 수 있었다.

공부를 하다가 점심시간이 되면 식당으로 내려가서 어머니가 싸준 도시락을 풀어서 먹곤 했었는데 보리쌀 섞인 찬밥에 반찬이라곤 거버(Gerber) 이유식 유리병에 들은 김치뿐이었지만 너무 맛있게 먹었다.

남산도서관에서는 식당을 운영했었는데 메뉴는 우동과 오뎅국물

두 가지뿐이었던 것으로 기억한다. 나는 3원 하던 국물을 자주 사 먹었었는데 국물은 간장을 풀고 멸치와 파를 썰어 넣고 끓인 뜨거운 오뎅 국물로서 도시락으로 싸 온 찬밥을 말아서 먹으면 더 이상 바랄 게 없었다.

국민학교를 다닐 때부터 대학 졸업 때까지 아니 그 이후까지 가끔 써내야 하는 서류 중에는 가정환경조사서라는 것이 있었는데 이것은 개인의 사적(私的)인 신상정보를 기록하는 것이었고 그중에는 취미, 특기, 희망 같은 란이 있어서 뭐라고 쓸까 고민을 하게 했었는데 언제나 취미: 독서, 특기: 책 읽기라고 쓰는 것을 면치 못하였다.

나도 남들처럼 취미란에는 운동이나, 음악이나, 서예 같은 것을 쓰고 특기란에는 태권도, 유도, 축구 같은 운동을 쓸 수 있었으면 얼마나 좋을까 하고 생각하던 시절이 있었다.

지금 써내라고 해도 취미는 독서에서 벗어나지 못했고 특기는 친구 만나서 음주하는 것과 여행 정도 되겠는데 술은 두어 달에 한 번씩이고 주량도 이미 많이 줄었으며 여행은 시간이 없어서 못 가니 무취미에 무특기를 겸한 재미없는 인생이 되고 말았다.

중2 때 담임선생님이었던 박재호(朴在浩) 선생님은 연세대학교 상대를 졸업하신 분으로 주산(珠算)과 상업을 가르치셨지만 대학 시절 축구 국가대표도 하신 일이 있어서 같은 고등학교의 축구부 감독도 겸하고 있었고 또 도서관도 담당하고 계셨었다. 나를 모범생으로 생각하셨던 선생님은 여름방학이면 들어가서 공부하라고 도서관의 서고

열쇠를 아예 내게 맡기셨다.

담쟁이 넝쿨이 벽의 거의 전체를 덮고 있는 이 고색창연한 붉은 벽돌 건물의 윗층에는 대강당이 있었고 아래층에는 음악실과 도서관이 있었는데 1933년에 만들어진 옛날 건물이어서 천장이 높고 공간이 넓어서 웬만한 더위에도 시원했던 것으로 기억한다.

선생님으로부터 받은 열쇠로 자유열람실에 연결되어 있는 서고의 문을 열고 들어서면 내 마음대로 보는 것이 허락된 수만 권의 장서가 있었는데 중2 여름방학 동안 거의 매일같이 이곳에 갔던 것으로 기억한다.

1967년 고등학교에 합격하던 해에 입학에 앞서 학교로부터 받은 준비물 리스트에는 특별한 것이 있었다. 입학 기념으로 도서관에 비치할 책을 한 권씩 기증하여 달라는 것이었는데 나에게 할당된 책은 정음사(正音社)에서 나온 세계문학전집 중의 한 책인 스탕달의 『적(赤)과 흑(黑)』이었다.

청계천 고서점가를 뒤져서 거의 새 책에 가까운 중고책을 구해서 경희도서관에 제출했는데 그 전에 내가 기증하는 책을 안 읽어 볼 수는 없다고 생각하여 기증에 앞서서 일독을 했다.

가난한 집안에서 태어난 쥴리앙 소렐이라는 공명심에 사로잡힌 젊은이가 적(赤)으로 상징되는 군인이라는 직업과 흑(黑)으로 상징되는 신부(神父)로서의 직책, 그리고 여인들 사이를 오가면서 갈팡질팡 인생을 살아가는 이야기였는데 지금까지 기억에 남아 있는 것은 이 젊은이가 신약성서를 처음부터 끝까지 완전히 암송하고 있었다는 것(물론 출세의 기회를 잡는데 도움이 되기 위하여) 정도이다.

고교에 입학하고 나서 인상적이었던 것은 운동장이 세 개라는 것과 그중 제1 운동장의 한쪽 구석에 있는 경희도서관이었다. 대개 중고등학교의 도서관은 교사의 한쪽 구석에 있기 마련이었는데 새로 입학한 학교의 도서관은 나무 숲속에 고즈넉이 들어앉은 단아한 단독 2층 건물이었다. 앞으로 여기를 마음대로 드나들 수 있을 뿐 아니라 이 도서관의 주인(중의 한 사람)이 된 것이라고 생각하니 그렇게 마음이 뿌듯하던 시절이었다.

신발을 벗고 마루 위에 올라서면 우측으로는 혼자서 공부하는 자습실이 있었고 계단을 올라가면 2층에는 책꽂이에서 마음대로 책을 뽑아볼 수 있는 자유접가식 도서열람실이 있었다.

미당 서정주(徐廷柱) 시인은 「자화상」이라는 시에서 '스물세 해 동안 나를 키운 건 8할이 바람이었다.'라는 기막힌 구절로 자신의 청춘 시절을 술회했지만 소생도 지난날을 돌이켜 보면, '청춘 시절 나를 키운 건 8할이 도서관이었다.'라고도 말할 수 있을지도 모르겠다.

중학 입시로부터 시작하여 고교입시, 대학입시, 대학에서의 그 수많은 시험들, 의사면허, 전문의 자격시험 공부를 비롯하여 각종의 시험 준비를 할 때마다 도서관 신세를 지지 않을 수 없었다.

성적을 올리기를 원하거나 한 분야를 확실하게 알기 위해서는 하루에 10시간 이상씩 한 달 이상의 시간을 바쳐야 한다는 것을 알게 된 것도 도서관에서였다.

청춘 시절의 버릇을 버리지 못해 요즘도 가끔씩 집 근처 덕이도서관에 가서 책을 빌려보기도 하고 시간이 허락되는 날이면 자리 잡고 앉아서 독서하기도 한다.

2019. 9.

세 선생님 이야기

김원규(金元圭) 선생님을 처음 만났던 것은 고등학교 2학년 때인 1968년의 일이었다. 고등학교에 다닐 때 나는 관악반에 소속되어 있어서 수업이 끝나도 바로 집에 가는 일은 없었고 항상 연습을 해야 했었다.

악기를 능숙하게 연주할 수 있는 것은 오직 연습의 양에 비례하는 것이라는 것을 그때도 알고 있었지만 그 후에도 집의 아이에게 피아노 공부를 시키느라고 숙지하게 된다.

그날도 방과 후에 제1운동장의 녹지대에서 연습을 하고 있었는데 어떤 노인이 포충탑 근처에서 거닐고 있는 것을 보았다. 그런데 생각하고 보니 그 며칠 전에도 그분을 본 것 같았다.

몸이 깡마르고 키가 훤칠하게 크신 분이었는데 나는 학교 도서관에서 10여 년 전의 『경희』지의 화보에서 본 김원규 선생님이 맞다는 것을 즉시 알게 되었다.

연습하던 나팔을 벤치 위에 내려놓고 인사를 했다. 어떻게 당신을 아느냐고 물으셨을 때, "김원규 교장 선생님 아니십니까?" 하고 교지의 사진에서 뵈었다고 말씀드리니 기특하다는 눈빛으로 앞으로 어느 대학을 들어가고 싶은지 중학교는 어디를 나왔는지 등 이것저것 사소한 것을 물어보시던 것을 어렴풋하게 기억한다.

이분이야말로 사립학교였다면 설립인에 해당하는 서울고등학교의 초대 교장 김원규 선생님이었다.

일제 때 히로시마고등사범학교(廣島高師)를 졸업하셨고 해방 후에는 문교부 학무국장으로 계시다가 일제의 교육기관이던 경성(京城)중학교를 접수하여 그 자리에 서울중학교를 발족시켰고 그 초대 교장을 하신 분이었다.

서울고교의 '깨끗하자, 부지런하자, 책임지키자'라는 교훈을 이 분이 제정하였고 '있으나마나 한 사람이거나, 있어서는 안 될 사람이 되지 말고, 언제 어디서나 반드시 있어야 할 사람이 되라'고 가르치셨으니 당신의 청춘과 정열을 서울고등학교의 발전에 바친 설립인에 해당하는 교육자가 맞다. 학생들이 주머니에 손을 찌르고 다니는 꼴이 보기 싫어서 교복의 바지 주머니를 아예 재봉해 버리라고 했던 분이었다.

자신이 이북에서 월남하신 분으로 1945년 이후 소련군이 진주하였던 이북에서는 살 수 없어 남하하는 집안의 자제들을 위하여 지속적인 교육의 장을 마련하려고 서울중학교를 여신 것이니 초창기의 서울중고교의 학생의 대부분은 평양, 해주, 신의주, 함흥, 원산 등지의 명문 중학교 출신 학생들을 무시험 특별전형으로 받아들였으며 이들을 재목으로 하여 한국 최고의 중등교육기관을 만들어 보시려고 했던 것이다.

또한 조병화, 안현필, 안병욱, 조영식 선생님을 비롯하여 좋은 교사를 영입하는데 진력하여 교육의 질을 제고하기 위하여 애쓰셨던 것으로 알고 있다.

예나 지금이나 국립서울대학교에 몇 명이나 들여보내느냐 하는 것이 고등학교의 좋은 정도를 평가하는 현실적인 기준이었으므로 입시위주의 공부를 열심히 시켜서 경기고등학교를 능가하는 98%, 99%의 실적을 이룩하였다고 들었다.

당시는 일제로부터 해방된 지 얼마 안 되는 시절이었고 해방 조선은 미군의 군정하에 있었다. 한반도는 이데올로기로 양분되었으며 북에는 소련의 북조선 진주군의 열차 뒤칸에 실려 온 얼치기 공산주의자이고 마적단의 중간 보스쯤 되는 김성주(일성)가 조만식 선생 같은 토착 애국자를 제거하고 권력을 틀어쥐었고 남쪽에서는 이승만 정권의 대한민국이 태동하고 있었던 혼란스러운 시절이었나.

남북 분단하의 신생 대한민국에서 군부의 역할이 클 것을 예상하신 김원규 교장은 졸업생으로 하여금 육군사관학교에 지망할 것을 적극 권하였다고 한다. 1950년대 초부터 세상을 살아온 우리는 그 이후 우리 역사가 어떻게 전개되었는지 알고 있고 동시에 초대 교장 선생님이 시대를 보는 혜안을 지니셨다는 것을 알게 된다.

1946년 개교 이후 11년 동안 서울고의 교장으로 있었던 김원규 선생님은 1957년 경기고등학교로 옮겨가시게 되었고, 동시에 경기의 교장으로 계셨던 조재호 선생님이 서울고교로 오시게 되었다.

조재호(曺在浩) 교장 선생님은 창녕 조씨로 경남 의령 출신이었는데 일제의 도오쿄고등사범학교(東京高師)를 졸업하신 분으로 그가 경기고의 교장으로 재직하는 동안에 '자유인(自由人), 문화인(文化人), 평화인(平和人)'이라는 교훈을 제정하였으며 관인온후(寬仁溫厚)하신 분으로 알려져 있다.

중고교 재학 중에 두 교장 선생님을 다 경험한 경기고교 출신 지인에게서 들은 얘기로는, 인격적인 선비의 면모를 보이는 조 교장 선생님이 스파르타식 교육의 목표지향적인 김 교장 선생보다 낫다는 말을 하고 있는데 이것은 그가 경기고교를 졸업했기 때문일 것으로 생각했다.

조재호 선생님의 교훈이 개념적이고 이상적인데 반하여 김원규 선생님의 교훈은 실무적이고 실천적이어서 두 교훈은 상호보완적이다. 두 학교의 교훈을 합쳐 놓으면 그야말로 좋은 교훈이 될 것이라는 생각이 들었다.

필자는 대학 졸업 후 세브란스병원에서 마취과 레지던트(專攻醫) 과정을 밟았는데 당시 마취통증의학과의 주임교수는 조재호 교장 선생님의 장남되시는 조정현(曺正鉉) 교수님이었다.

소탈하고 인간적인 면모를 지니신 분으로 막걸리든 양주든 청탁을 불문하고 술을 좋아하시고 사람을 좋아하시는 분이었다. 그는 술자리에서 자신의 선친에 관한 말씀을 자주하셨는데 근엄한 선비의 면모를 지닌 분으로 그려졌다.

그는 세의전(世醫專) 졸업 후 젊은 시절을 하버드를 비롯한 미국의 유수한 대학병원에서 근무하셨던 분으로 의사생활의 대부분을 미국에서 보낸 분이었다.

나를 당신의 선친이 교장으로 있던 학교 출신이라고 해서 격의 없이 대해 주시고 아들처럼 대해 주시던 것을 기억한다.

포충탑 근처에서 김원규 교장 선생님을 만났던 이후로 선생님과 관련된 소식을 들은 것은 몇 달 후의 일인데 그것은 그의 부음이었다.

서울고 관악반은 김원규 선생님의 장례식에 참석해서 음악을 몇 곡 연주했는데 그중 기억에 남는 것은 스페인 민요인 「고향생각」이었다. 그 곡을 음악실에서 관악반원들과 연습하던 기억이 새롭다.

> 사랑하는 나의 고향을 한 번 떠나온 후에
> 날이 가고 달이 갈수록 내 마음에 사무쳐

김원규 선생님이 경기고교로 옮겨가셨던 일에 대하여 위에 언급한 경기 출신 지인은 김원규 선생님이 다년간에 걸쳐서 문교부에 로비한 결과라고 말했는데 나는 이를 믿을 수 없는 말이라고 생각했다.

또한 서울대 문리대에 재학 중인 경기고 출신의 동창회에 초대된 김원규 교장 선생님이 했다는 말씀을 경기 출신 원로 신문기자가 자신의 인터넷 블로그에 소개한 것을 봤는데, 당신이 '서울고의 교장으로 있었을 때 서울고를 한국에서 제일가는 고등학교로 만들기 위하여 진력한 바 있었으나 이제 경기 교장을 맡아보니 경기와 서울은 입학하는 학생들의 자질 자체가 다르다는 것을 알게 되었다'고 청중에게 영합하는 말씀을 했다고 하니 이를 믿을 수 있는 말인지는 잘 모르겠다.

김원규 선생님은 교육 공무원이었으므로 결국 문교부의 사령장에 의하여 인사이동을 하는 분이었는데 필자가 선생님을 포충탑에서 조우한 시절에는 경기공전(京畿工專)의 교장을 맡고 있었던 것으로 알고 있다.

아마도 말년에 지병을 앓고 있지 않으셨나 추측하며 수구초심(首丘初心)으로 위의 스페인 민요 「고향생각」에 나오는 고향을 찾아보는 마음으로 당신이 일군 서울고의 교정을 거닐고 있었던 것이 아닐까 하는 생각을 하게 된다.

인자하시고 잘생긴 노신사의 풍모를 지닌 분이었는데 그의 어디에 그 스파르타식의 교육철학이 깃들어 있었는지를 생각하게 된다.

세 분의 선생님은 모두 이 세상 사람이 아니다.

우리가 유명을 달리하신 분들과 대화를 하는 것은 그분들이 우리를 사랑으로 대해 주셨고 그래서 우리의 기억 속에서는 그분들이 살아계시기 때문이다.

2019. 1.

인생과 예술

필자가 의국 생활을 시작하던 해가 1986년이니 어느덧 21년 전의 옛날 얘기가 되고 말았다. 인생 오십 줄에 접어든 지도 몇 해가 지난 지금에 그동안 접어두었던 시절을 회고하자니 오래된 책을 펼쳐 보는 것 같은 느낌이 들고, 오래전 일이고 보니 기탄없이 쓸 수 있다는 생각이 든다.

대학을 졸업하고 나서 군복무를 마치고 다른 길을 조금 걷다가 신촌세브란스병원 마취과에 들어갔으니 의과대학 졸업 후 인턴을 마치고 바로 들어간 동료들보다는 상당 기간을 늦게 들어간 것이어서 나이 서른네 살에 마취과 의사로서의 첫 발걸음을 내딛게 된 것이었다.

과연 이 늦은 나이에 전공의 과정을 시작하는 것이 의사로서 세상을 살아가는 커리어에 무슨 의의가 있는 것인가 대하여 생각도 해보았지만 일단 전문의라는 타이틀이 필요하다고 생각했었고, 또 의대만을 졸업한 의학 실력으로 환자를 본다는 것이 불안하고 부족한 점이 많다는 것을 이미 체감한 터인데다가 지인의 권고도 있고 하여 선택하게 되었다.

의국 생활에서 겪은 에피소드들이야 이루 말할 수도 없이 많지만 인상적인 것만 몇 가지 적어 보기로 한다.

당시 주임교수는 조정현 교수님이었는데 젊은 시절 미국의 하버드 대학에서 마취과 의사 생활을 하셨던 분이었다. 이분이 척추마취를 하는 것을 보면 25G 침을 사용하여 엉덩이에 근육주사 놓듯이 무심코 찌르는 것처럼 보였는데, 단번에 성공시키는 것을 보면 그 대단한 내공에 감탄을 금할 수가 없었다. 의학적 테크닉을 몸에 익히는 것은 '아트(Art)'이므로 예술작품을 만드는 사람의 자세로 전심전력을 다하라는 말씀이 아직도 귀에 쟁쟁하다.

인간적이면서도 자질구레한 것을 따지지 않는 성품이었고, 청탁 불문으로 약주를 즐기시는 소탈한 분으로 술자리의 말석에나마 몇 차례 끼어들은 일이 있었는데, 60 전후의 교수님의 주량이 청춘인 우리보다 더 셌었다.

당시는 마취과 의사가 태부족하던 상황이라 경험을 쌓는 것을 겸하여 파견을 많이 나갔었는데, 공식적인 곳만 해도 영동세브란스병원과 광주, 용인병원, 원주기독병원, 차병원, 필동의 제일병원, 안세병원, 거제도의 옥포대우병원, 울산동강병원 등 열거하는 데에 거의 열 손가락이 다 필요했고, 그 밖에도 의국 선배의 미국 연수 기간을 메워 주기 위하여 청량리 위생병원에 파견 근무를 나갔던 것으로 기억한다. 파견을 나간 병원은 마취과 의사가 한 명도 없는 곳이 대부분이었으므로 전문의인 마취과장에 준하는 예우와 대접을 받았으니, 신촌에서는 권력구조의 최하층으로 압박과 설움의 인생을 살다가 파견을 나감으로써 자유와 해방의 날(?)을 맞이하는 것이었다. 특히 거제도의 옥포대우병원 같은 곳은 유명한 관광지인 지세포나 구조라해수욕장, 몽돌해변 등 절경을 인접하고 있는 자연환경이 말할 수 없이 좋은 곳이었으므로 다들 차례가 되기를 손꼽아 기다렸던 것으로 기억한다.

일 년 차 시절의 수련을 통하여 전신마취와 척추마취의 기본적인 테크닉을 익힌 직후인 11월 이후부터는 개나리 봇짐 하나 짊어지고 전국 각지로 다니며 마취를 하는 셈이었으니 이 기간이 전체 수련 기간의 40-50% 이상이지 않았나 싶다. 파견을 계속 다니다 보니 같은 연차 의국원들끼리도 만나기가 쉽지 않아 신촌 의국에서 재상봉(?)을 할 때 서로 반가워하던 기억이 새롭다. 김택중 선생이라는 소탈한 풍모를 한 의국원이 있었는데 이 양반은 거의 반년 동안을 파견 나갔다가 신촌으로 돌아왔을 때 얼굴을 모르는 1년차 전공의로부터 서적 외판원으로 오인 받은 경우도 있을 정도였다. 지금에 돌이켜 보면 잦은 파견은 마취를 체계적으로 학문적으로 공부하는 데는 부정적인 영향을 끼쳤다고 아니할 수 없으나, 문제 해결 능력과 응급 상황에서의 판단력은 이때에 양성되지 않았나 한다.

의국 생활을 회고하면서 빼놓을 수 없는 것은 이영석 교수에 관한 얘기이다.

필자가 입국할 당시 이영석 교수는 전임강사였는데 마취과에 들어

오게 된 것도 그의 충고에 힘입은 바 컸었다. 필자와는 고교와 대학의 동창이었고 의사로서 같은 전문을 하게 되니 그와의 인연도 결코 적다 할 수는 없는 것이었다.

마취과 전공의 1년차의 생활은 마취과 의사로서 필수적인 수기를 익히는 일뿐만 아니라, 수술과 관련된 외과 계열의 전공의, 교수들과의 크고 작은 충돌로 말미암은 스트레스로 정신적으로 힘든 일이 많았다. 우리는 이런 일들을 '마취 외적인 문제'라고 했었는데 이것이 '마취적 문제'보다 견디기가 더 힘들어 과거에 전공의를 그만두는 사례는 대개는 마취 외적인 문제 때문이었다고 들었다.

일과가 끝나면 전임강사급의 주니어 스태프 선생님들이 신입 의국원들의 사기를 진작시키는 차원에서였는지는 몰라도 회식을 시켜 주는 일이 가끔 있었는데, 영동세브란스에서 전체 회식이 있은 날은 대개 2차로 나이트클럽을 가곤 했었다. 이영석 교수는 전공의들을 데리고 다니는 것을 특히 좋아하여 회식에 참석한 인원이 2차에도 전원 참석할 것을 '엄명'했었다.

나이트클럽에 들어가면 테이블에 모여 앉아 맥주를 마시다가 스테이지에 올라가 집단적이고 총체적인 군무(?)를 추고 음악이 끝나면 내려와서 다시 한 잔을 하는 식이었다. 그러나 이것을 재미있어 하는 것도 처음 몇 번이지 여러 번 거듭되니 개인적인 사정으로 빠져나가는 인원이 생겼다. 살짝 도망가는 자들은 분위기에 영향을 덜 미치려고 기회를 노리고 있다가 일행이 스테이지 위에 올라가 있는 시간을 이용하여 조용히 결행하는 경향이 있었으므로, 춤추러 두세 번 무대에 올라갔다 내려오면 처음 들어왔던 십여 명 중에 눈치 없는 두어 명만 이영석 교수와 함께 남는 경우도 있었다. 2차에서의 술값은 나눠서 내는 경우가 많았는데 다들 살짝 가 버리니 남은 자는 경제적 부담의 가중이라는 2중고를 겪어야만 했다.

그는 또한 기막힌 가창력의 소유자였는데 회식 자리에서 가끔 생음악으로 듣게 되는 그의 「The house of rising sun」은 가히 일품이라고 할 만하여 세간에는 오리지널 노래를 부른 '애니멀스(The animals)'를 능가한다는 소리도 있었다. 그가 작고한 지 3년이 지난 지금도 가끔 이 노래를 한 번 듣고 싶다는 생각이 들 때가 있는데, 왜 진작에 녹음을 한 판 떠 놓지를 않았는지 후회되는 순간이 있다.

이 노래를 부를 때 그의 얼굴 표정은 감정을 잡기 위하여 심각하기 짝이 없었는데 그의 필링은 정말 죽이는 것이었다. 필자가 아주대학에 있었던 1996년으로 기억하는데 전북의 무주리조트에서 열린 봄 학회의 특별 이벤트로 '전국마취과의사 노래자랑'이라는 프로그램이 있었다. 강호 무림의 세계에서 내공을 닦던, 노래에 관하여서는 내로라하는 모든 이들이 대회에 출연을 신청하였으나 대개는 전공의급이었고, 교수 그것도 주임교수로서는 유일하게 이영석 교수가 출전하여 그의 십팔 번을 부른 것이었다. 이 교수만큼 진지하게 열창한 자가 없었으니 우승의 영광이 그에게 돌아온 것은 당연한 결과였다.

2004년 봄, 그가 지병으로 작고하기 직전 분당 차병원의 병석으로 그를 찾았을 때 마지막 순간까지 마음씨 착한 웃음을 잃지 않던 그였다. 우리 시대 최후의 로맨티시스트였던 이영석 교수의 영혼이 그가 항상 노래하던 영원한 '해 뜨는 집'으로 갔을 것을 믿어 의심치 않는다.

의국 생활을 회고하자면 빼놓을 수 없는 분이 한 분 더 있으니 그는 아직도 동교동에서 통증에 신음하는 환자들을 위하여 연세 많음의 수고스러움을 아끼지 않으시는 오홍근 교수님이다.

워낙 학구적인 분이라 언제라도 한 가지 이상의 논문을 쓰는 일을 진행 중이었던 분인데 당시에 페인(pain) 클리닉을 담당하는 전공의는 한 명이었다. "페인 클리닉 가면 폐인(廢人) 된다"는 말이 있었는데 알고 보니 이것에는 두 가지 이유가 있었다. 외래를 방문하는 암성통증을 앓는 환자들은 대개 말기 암환자로서 완치의 희망을 포기하고 통증 조절만을 기대하는, 그야말로 폐인들이었는데 이들을 항상 보고 지냄으로써 전공의 자신도 우울해지는 것을 말하는 것이었고, 둘째는 통증클리닉의 내부적인 권력구조 때문에 생긴 말로서 전공의의 자율권은 전무하고 두 분의 교수님 아래에서 한 명의 조무사를 데리고 연구와 진료와 다양한 보좌 역할을 능숙히 할 것이 요구되는 상황에서 전공의가 마음과 몸이 거의 폐인 된다는 말에 해당되었다.

필자는 전공의 수련 중에 대학원 과정을 하게 되었는데 석사논문을 「한국인 복강신경총의 형태학적 변이」라는 제목으로 하도록 오 박사님으로부터 특명을 받게 되었다. 이 논문을 완성하는 일은 데이터 수집 과정으로부터 시작하여 논문 작성, 발표에 이르기까지 끝없는 노고를 요구하는 작업으로 이에 얽힌 일화도 수없이 많다.

복강신경총은 후복막에 있는 구조로서 1학기가 끝나는 여름 방학 무렵 의대 일 학년 학생들의 해부학 실습이 끝났을 때 해부 및 측정 작업이 시작되었다. 야심한 밤중 밖에는 시간이 안 되었으므로 혼자서 적막한 해부학교실에 들어가는 것도 엽기적인 것으로, 이 소름 끼치는 작업을 어떻게 하나 고민이었으나 이제는 발등에 불이 떨어진 일로, "하면 하지" 하는 심정이었는데 천만다행으로 해부학교실의 정민석 조교(지금은 아주대학의 교수로 있는)가 자기도 이 일에 대해서 흥미가 있다고 하며 일을 도와주겠다고 하였다. 하루는 작업을 마치고 둘이 같이 나와서 문을 잠갔는데 그제서야 정 조교가 자동차 키를 실습실에 놓고 나온 것이 생각났던 모양이다. 내가, "들어가서 갖고 나오세요. 여기서 기다리고 있을 테니." 하자 그는 머뭇거리면서, "같이 들어가죠. 사실은 저도 혼자 들어가기가…" 하는 것이 아닌가? 해부를 직업으로 하는 해부학 교수도 혼자서 하는 야간작업을 무서워한다는 사실을 이때 처음 알게 되었다.

십여 번에 거쳐서 논문을 고쳐 쓰게 되었는데 오 박사님의 아이디어는 끝이 없어서 이제는 다 썼다고 생각하면 다른 각도에서 생각해 보고 다시 써 볼 것을 제안하곤 하셔서 나는 이 논문이 과연 완성될 수 있는 논문이 맞는 것인가에 대하여 심각한 의심을 갖기도 했었다. 전문의 시험을 보고 나서 취직하게 된 첫 직장은 울산 동강병원이었으나 그 병원의 월급을 받고 있는 상황에서도 일 개월간 내 몸은 세브란스병원의 통증클리닉 외래에 출근해서 논문의 마무리 작업을 해야만 했으니, 이미 다른 병원의 직원이 되었다는 사실도 오 박사님의 카리스마 앞에서는 아무 일도 아니었고 그 병원 마취과에는 세브란스와 아무 상관없는 스태프도 있었는데 얼굴을 들기가 어려웠다.

공부와 일에 대하여서는 엄격하기 짝이 없는 오 박사님이었으나 사석에서는 정이 많으신 분으로 설날 세배를 드리기 위하여 댁을 방문하면 눈길이 미끄럽지 않도록 손수 연탄재를 들고 나오셔서 깨던 장면이 인상적으로 기억된다.

우리가 3년차가 되었을 때 의국에는 '강강수월래'라고 하는 무리들이 신입생으로 들어왔는데 이들은 당시 1년차였던 강창진, 강신범 선생과 더불어 이들을 수행(?)하는 전공의들을 이름함이었다. 이들과의 회식 자리에서 동참하는 일이 잦아지다 보니 급기야는 '강강수월래'가 '강강수헐래'로 바뀌는 어미 변화가 일어났는데 '수허ㄹ래'의 '허'는 필자를 일컫는 것이라고 했다. 이들을 포함하여 의국 분위기 진작과 사기앙양 차원에서 범의국적으로 대성리로 그 당시 유행하는 'MT'(Membership training의 약자라는 사실을 그 당시에 이미 알고 있었다.)를 가게 되었다.

장작을 구해다가 모래밭에 모닥불을 피워 놓고 캠프파이어를 하는데 바로 이웃에 대학생들 한 팀(이들이야말로 386세대이다)이 MT를 와서 우리처럼 캠프파이어를 하고 놀고 있었으나 노친네들(?)의 정열에 질려 버렸는지 한 시쯤 텐트 속으로 기어들어가 버리는 것이었다.

그날 밤 우리는 오전 세 시까지 캠프파이어와 함께 마지막 정열을 불태우고 난 후, 남자들끼리만 둥그렇게 둘러서서 기립 자세에서 생리적 수용액을 이용하여 남은 불씨마저 꺼 버림으로써 화재의 가능성까지도 깨끗이 정리하는 모범을 보였으니 누가 전공의를 한물 간 청춘이라 할 것인가?

의국 생활 당시의 재미있었던 에피소드를 쓰자면 끝이 없으나 이

자리에서 이것을 모두 논할 수는 없다.

'의술은 인술'이라고 했으니 의학은 인생에 복무하는 아트(예술)이고, 이에 충실한 의사는 학문적이고 인간미 있는 의국 생활을 그 출발점으로 하여 만들어지기 시작하는 것이라는 생각을 해 본다. 또한 '인생은 짧고 예술은 길다'고 했으니 젊은 시절 학문과 기술을 공부하려던 그 열정은 오래 기억될 것이다.

선배, 동료 및 후배, 과거의 의국원 여러분의 건강과 행운을 기원합니다.

전공의인 후배님들은 아카데미칼한 연구, 풍부한 임상 경험은 물론이고 의국 생활의 좋은 추억 만들기에도 힘쓰기 바라며, 주임교수님을 비롯한 여러 교수님들과 50주년을 맞이한 세브란스병원 마취통증의학과에 큰 영광과 발전이 있기를 기원합니다.

2007.

허철령 산문집

문자의 공功

2022년 10월 1일 초판 인쇄
2022년 10월 5일 초판 발행

지은이 / 허철령

발행인 / 강병욱
발행처 / 도서출판 교음사
편 집 / 隨筆文學社 出版部

03147 서울 종로구 삼일대로 457 수운회관 1308호
Tel (02) 737-7081, 739-7879(Fax)
e-mail : gyoeum@daum.net

등록 / 제2007-000052호

* 잘못된 책은 바꿔 드립니다. 값 14,000원

ISBN 978-89-7814-874-0 03810